Kathrin Rüegg / Werner O. Feißt

Kathrin, Werner und die Schweizer Küche

Kathrin Rüegg / Werner O. Feißt

Kathrin, Werner und die Schweizer Küche

Was die Großmutter noch wusste, Band 14

Müller Rüschlikon

Einbandgestaltung: Katja Draenert
Fotos: Fotodesign Michael Bauer, Baden-Baden
Food-Design Claudia Bauer, Baden-Baden
Eva Hintze, Baden-Baden
Annette Wackershauser, Gaggenau
Werner O. Feißt

Die Autoren:

Kathrin Rüegg, 1930 in Arosa geboren, Handelsdiplom, dipl. Fremdsprachenkorrespondentin. Ab 1961 Besitzerin eines Antiquitätengeschäftes. 1971 Wechsel ins Tessin, seit 1974 Erfolgsautorin.

Werner O. Feißt, geboren 1929 in Freiburg im Breisgau. Studium der Philosophie, Pädagogik, Volkskunde. Fernsehjournalist, Autor und Filmemacher, Schwerpunkte: Volkskunde, Geschichte. Seit 20 Jahren Co-Moderator der von ihm entwickelten Fernsehserie »Was Großmutter noch wusste«.

ISBN 3-275-01448-X

1. Auflage 2002

Lektorat: Myrta Baumberger
Innengestaltung und Satz: Ipa, D-71665 Vaihingen/Enz
Druck und Bindung: Fotolito LONGO, I-39100 Bozen
Printed in Italy

Inhalt

Teil I
Geschichte und Geschichten von Werner O. Feißt

Teil II
Rezepte von Kathrin Rüegg

Die Rezepte sind für 4 Personen berechnet.

Teil I

Geschichte und Geschichten von Werner O. Feißt

Vorwort

Mag sein, dass sich meine Erinnerung irrt. Mag sein, dass ich einfach noch zu klein war, um zu begreifen was um mich geschah. Vielleicht haben meine Eltern das Unangenehme von mir fern gehalten, wahrscheinlich das. Aber die Jahre zwischen 1930 und 1940 erscheinen mir heute als das Paradies meines Lebens. Gewiss, da ist schon die Erinnerung an heftige Wutausbrüche meines Vaters, der sich über die Partei und die nationalsozialistische Regierung ärgerte und der Mutter beim Mittag- und Abendessen von neuem Unrecht erzählte, von der Entmachtung der alten Berufsorganisation – mein Vater war Buchdrucker, sie hatten eine der fortschrittlichsten Gewerkschaften –, von dem und jenem Freund und Bekannten, den »sie« abgeholt hatten, der ins KZ verschwand. Und da ist die Erinnerung an die Mutter, die beschwichtigend auf Vater einredete: »Adolf, red wenigstens leis, damit dich niemand hört.« Aber um was es ging, habe ich anfangs nicht begriffen und später wurde daraus das ohnmächtige Gefühl, einem Staat ausgeliefert zu sein, dessen Willkür als ständige Bedrohung präsent war. »Verzehl jo niemand, was de Vater sagt, sunst hole sie en!« – die ständige Mahnung der Mutter.

Aber eigentlich ging mich das alles ja gar nichts an. Ich lebte mein Leben als verwöhntes Einzelkind geborgen in der Liebe von Vater und Mutter und in der Großfamilie, die in diesen Jahren vor dem Krieg noch vollständig war. Alle hatten Arbeit, sie lebten einen bescheidenen Wohlstand, der sich natürlich nicht mit dem unserer Tage messen ließ. Die Männer sprachen vom drohenden Krieg, aber eigentlich glaubte keiner so richtig daran. Selbst Hitlers Abenteuer – Österreich, Sudetenland, Memel – gingen doch gut aus. Irgendwie war man ja auch national eingestellt, empfand den Versailler Vertrag als Unrecht und so begann man schizophren zu denken. Die Wiederherstellung von Deutschlands Größe war durchaus akzeptiert und der Gesinnungsterror erschien als ein vorübergehendes Phänomen, über das man schimpfte, Witze machte, aber das man halt hinnehmen musste.

Aber ich brauchte mich ja um all das nicht zu kümmern.

Ich lebte mein eigenes Leben, ich ging inzwischen zur Schule, lernte nationales und vor allem nationalsozialistisches Gedankengut. Es war für mich kein Problem, ich kannte ja kein anderes. Ich hatte Freunde, ihre Eltern waren Nationalsozialisten, aber ich war auch Ministrant – Widersprüche? Ich empfand sie nicht.

Und einmal im Jahr durfte ich acht Tage in die Ferien fahren. Im einen Jahr mit dem Vater, im anderen mit der Mutter.

In die Schweiz.

Eine der Schwestern meiner Mutter war in der Schweiz verheiratet. Sie hatte ihren Schweizer Mann in Deutschland kennen gelernt. Die beiden ersten ihrer vier Kinder waren noch in Deutschland zur Welt gekommen.

Nun war die Reise in die Schweiz gar nicht so einfach damals. Zwar war die Reichsmark – man möchte es nicht glauben – gegenüber dem Franken so viel wert wie dieser zuletzt gegenüber unserer armen und doch angeblich so harten D-Mark (ein Franken kostete um die 77,78 Pfennige!). Aber man durfte ja keine Reichsmark ausführen. Fünf Mark pro Tag! Was ist das schon? Wie weit kommt man damit? Selbst wenn man berücksichtigt, um wie viel billiger alles damals war. Und so gehört zu meinen Schweizererinnerungen jener Zeit die Mutter, die Geld in Kleider und Unterwäsche einnäht. Und Mutter hat schon Geld mitnehmen müssen. Die Verwandten in der Schweiz waren nämlich wirtschaftlich keineswegs auf Samt gebettet. In Deutschland lief die Konjunktur längst auf vollen Touren – schließlich mussten Kanonen und Panzer für die Wiederaufrüstung produziert werden – während die Schweiz noch die Auswirkungen der Weltwirtschaftskrise zu bewältigen hatte.

Und dann waren wir im Badischen Bahnhof in Basel. Dort vollzog sich das Zollritual, das man sich heute zu Zeiten des Schengener Abkommens gar nicht mehr vorstellen kann: Deutsche Passkontrolle, deutsche Gepäckkontrolle, Reisende wurden zwecks Leibesvisitation (das Geld!) zum Mitkommen aufgefordert…, dann das Ganze noch einmal auf Schweizerdeutsch. Und dann hatten wir es wieder einmal geschafft. Mutter atmete auf. Der Zug rollte wieder an. Es ging über die Rheinbrücke zum Schweizer Bahnhof in Basel. Was für ein Gefühl, wenn der Rhein überquert wurde und die Silhouette von Basel vor dem Fenster vorbeiglitt. Wir sind in der Schweiz, wo alles besser ist, wie Vater immer wieder sagte. Wir sind in der Schweiz und unser Urlaub beginnt. Bis heute empfinde ich das alles, wenn der IC leise über die Rheinbrücke fährt. Und der Zug bringt die wenigen Kilometer zwischen Badischem und Schweizer Bahnhof langsam hinter sich. Damals wie heute. Irgendwie bedächtig rattert er über die zahllosen Weichen. Es hat etwas mit einem feierlichen Auftritt zu tun. Und dann hieß es Endstation und aussteigen und umsteigen in den Zug nach Bern. Die Wagen der Schweizer Züge waren sauber. Am Bahnhofskiosk gab es Zeitungen und Zeitschriften in Fülle und allen Sprachen, auch jene Hefte mit den frühen Comics – Felix, der Kater und Mickey Mouse – die mir so gut gefielen und die ich nicht lesen durfte. Ein Mann schob eine kleine Karre über das, was hier nicht Bahnsteig hieß sondern Perron und pries Sandwiches an, heiße Würstel und Schokolade. Die Leute waren gut angezogen, wie bei uns nur am Sonntag. So schien es mir wenigstens. Und während der Zug Richtung Bern rollte und Mutter mit Schweizer Mitfahrenden ins Gespräch kam, fühlte ich mich im Urlaub. Herausgenommen aus dem Alltag in eine ganz besondere Situation. Landschaft, die vor dem Fenster vorbeiglitt, ist mir in Erinnerung, die Wiesen kamen mir grüner vor als daheim – das tun sie übrigens bis heute in der Schweiz – und kleine Orte, an deren Bahnhof der Zug hielt und die mir heimelig erschienen. Und dann Bern! Bern war für den noch nicht Zehnjährigen eine Stadt der Wunder, die sich mir vor allem in den Ferien mit Vater erschlossen. Der Bärengraben mit den Wappentieren der Stadt, denen man stundenlang zuschauen konnte. Aber dann gab es da noch einen Tiergarten mit vornehmlich einheimischen Tieren. Gämsen und Steinböcke. Da waren die Museen, das naturwissenschaftliche mit seinen ausgestopften Tieren, die aber nicht wie bei uns in Freiburg einfach so herumstanden, sondern die eingefügt waren in schaufensterartige Diarahmen ihrer natürlichen Lebensräume: der Löwe in der Steppe Afrikas, der Eisbär in ein künstliches Stück Arktis. Und da war das historische Museum, wo mir Vater so viele Geschichten erzählen musste, und das Postmuseum und das alpine Museum, wo ausgestopft der berühmte Bernhardiner Barry mit dem Schnapsfässchen um den Hals stand und eine riesige Bergkristallformation geheimnisvolle Schätze in einsamen Berghöhlen ahnen ließ. Und da war das Bundeshaus, das Vater zum Anlass nahm, mir vom Funktionieren der Demokratie zu erzählen. Von der Terrasse des Bundeshauses haben wir in der Ferne die Berge des Berner Oberlandes gesehen und ich habe gelernt, dass die drei allerschönsten Eiger, Mönch und Jungfrau heißen und dass der Eiger und seine Nordwand ihre eigene Bergsteigergeschichte haben. Aber wir sind nie ins Berner Oberland gefahren. Ich nehme an, Vater war die Fahrt zu teuer. Lieber sind wir in einem der Straßencafés gesessen Vater mit einem Bier, ich mit einer Limonade. An einem schönen Tag sind wir die Aare hinuntergeschwommen, Vater und ich. Von ganz oben an der Stadtgrenze bis fast zum Bundeshaus und ich habe zum ersten Mal das eigenartige Raunen des Flusses gehört: Das Geräusch der Kiesel, die sich mit dem Wasser bewegen, drunten auf dem Flussbett.

Und dann war Schluss: 1939 war ich noch einmal mit Vater in Bern. Im Frühsommer. Alle Erwachsenen sprachen vom drohenden Krieg. Es war ein so schöner Sommer. Noch einmal haben wir die Wunder der schönen Stadt genossen. Noch einmal sind wir die Aare hinuntergeschwommen. Noch einmal saßen wir in unserem Café. Vater hat Bern nie wieder gesehen. Er starb ein paar Jahre später. Mitten im Krieg.

Als der Krieg zu Ende war, haben uns die Pakete der Verwandten geholfen zu überleben. Irgendwann war es möglich, sie in Basel in einem besonderen Raum des Badischen Bahnhofs für kurze Zeit zu sehen.

Und dann 1950 durften wir nach Basel. Aus dem zerstörten, elenden Deutschland nach Basel. Was sofort auffiel, war der Duft. Eine Mischung von frisch geröstetem Kaffee und Südfrüchten. Dieser Duft war in der ganzen Stadt. Ich denke, so riecht Frieden.

Seitdem war ich viele Male in der Schweiz. Ganz privat und um Filme zu machen. Ich bin in den Bergen des Berner Oberlandes gewandert, im Wallis, in Saas Fee und Zermatt, im Val d'Anniviers, im Rhonetal, am Genfersee, im Engadin, im Tessin. Ich bin den alten Weg über den St. Gotthard gelaufen und über die Gemmi von Kandersteg nach Leukerbad, ich habe Bern besucht – natürlich aber auch Zürich und Luzern und Genf, Fribourg, Lausanne, Chur. Ich war mit einem Pferdewagen im Schweizer Jura unterwegs und ein lieber Freund hat mir den Kanton Appenzell Innerrhoden gezeigt.

Die Schweiz ist ein schönes Land. Es ist, als hätte der Schöpfer hier sein Meisterwerk gemacht. Das Weiß der Firne, das Violett der Felsen, das dunkle Grün der Arven, das Gelb der Lärchen im Herbst. Darüber ein samtblauer Himmel und dazu das satte Grün der Matten, mit denen die Schweizer ihren ganz persönlichen Beitrag zur Schönheit ihrer Heimat leisten und mit der großräumigen Ordnung, die sie überall haben.

Natürlich, in eineinhalb Autostunden bin ich in Basel, in vier in Bern oder Zürich. Die Schweiz ist liebe Nachbarschaft. Aber Frankreich ist das auch. Und doch kenne ich die Schweiz besser als Deutschland jenseits der Mainlinie. Macht es die Überschaubarkeit? Heimat ist überschaubar. Ist es das, was mich immer wieder in die Schweiz zieht? Das Gefühl, hier könnte ich zumindest daheim sein. Auch wegen der gemeinsamen Sprache. Alemannisch ist nicht nur Sprache, Alemannisch ist auch eine Grundstimmung. Und sie zu kennen, darin geborgen sein, ist etwas anderes, als sich nur verständigen können.

Auch das liebe ich an der Schweiz. Die Würde, die man an der Landsgemeinde in Appenzell erleben kann, die Selbstverständlichkeit der Regierungsgewalt, die vom Volk ausgeht und die in der Anwesenheit der Bürger eben dieses Volkes seinen Ausdruck und sein Bewusstsein findet. Oder die hohe Qualität der Reden, die einfache Bauern bei der Korporationsgemeinde des Kantons Uri halten. Überhaupt das Selbstbewusstsein Schweizer zu sein, das einem Hochachtung und Neid abverlangt. Ja, Neid. Ist doch in der Nachkriegserziehung unseres Volkes, die von weiß wem bestimmt wurde, jedes Selbstbewusstsein ein Deutscher zu sein zerstört worden.

Ich kann es auf einen Nenner bringen: Ich fühle mich wohl in der Schweiz.

Und darum ist dieser, mein Teil an diesem Buch eine Huldigung, eine Huldigung an die Schweiz und die Schweizer.

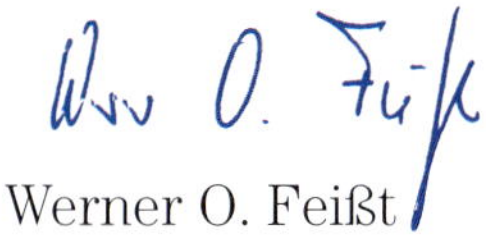

Werner O. Feißt

Uri

Am Anfang meiner Begegnung mit dem Land Uri und seinen Menschen stand ein Traum. Ich war einige Jahre lang jeweils zur Ferienzeit mit meiner Familie über den Gotthard gefahren, dem Tessin zu, Urlaub zu machen am Lago Maggiore. Ich fuhr die Straße vom Vierwaldstätter See durch das Reußtal, über Göschenen, Andermatt, den Pass und dann die Leventina hinunter, wie die Autofahrer aus ganz Europa, die damals, wenn auch nicht in der gleichen großen Zahl wie heute, gezwungen waren, diese schmale Straße zu fahren, mit ihren zahllosen Kurven, in der wilden Schöllenenschlucht und dann wieder jenseits des Passes hinunter nach Airolo. Es war eine schöne Fahrt, voll landschaftlicher Reize, an denen die moderne Autobahn heute vorbeirauscht, aber sie dauerte halt ihre Zeit. Einen ganzen Tag oder eine ganze Nacht – ich zog es damals vor, in die Nacht zu starten, um am anderen Morgen am See zu sein, wenn die Sonne aufging und wenn der Süden, das Tessin, ganz neu und frisch war.

Irgendwann kam mir der Gedanke, wie man wohl ins Tessin gereist ist, ehe es die Autos, die Straße und die Eisenbahn gab. So begann ich davon zu träumen, die alte Gotthard-Straße zu Fuß zu gehen. Aus dem Traum wurde ein konkreter Plan und aus dem Plan Wirklichkeit. Ich bin den Weg mit Freunden gegangen. Es war anstrengend, die Sonne brannte gnadenlos auf die Wege im Reußtal, aber es war eine Erfahrung, die ich nicht missen möchte. Ausgangspunkt der Wanderung war ein Hotel in Amsteg, dort wo der Anstieg zum Pass beginnt. Wir haben unser Auto in der Hotelgarage gelassen. Der junge Wirt hat uns auf der Karte die alten Wege gezeigt.

Zwei oder drei Jahre später habe ich dann meinem Sender den Vorschlag gemacht, in einem Film den alten Weg über den St. Gotthard zu dokumentieren. Wieder waren wir am Beginn unseres Unternehmens Gäste jenes Hotels in Amsteg.

Wenn man sich in einem Hotel wohl fühlt, dann habe zumindest ich das Bedürfnis, wieder dorthin zu gehen.

So bin ich in den folgenden Jahren von Amsteg aus in Uri gewandert, hinauf zum zauberhaften Arnisee, ins Maderanertal und über den längst vergessenen Chrüzlipass nach Sedrun.

Das Hotel aber ist Vergangenheit. Bis zum Bau der Autobahn war es eine Zwischenstation auf dem Weg nach Süden, wo man einkehrte, um zu übernachten oder zu essen oder wenigstens einen Kaffee zu trinken. Heute fährt kaum noch einer die alte Straße, die Autobahn ist so viel bequemer und viel schneller.

Uri wurde für mich Wirklichkeit, die Wirklichkeit der Pässe.

Wenn man in Amsteg ist, dann ist eigentlich die Welt mit Bergen verstellt. Will man einen bequemen Weg, so endet er spätestens in Göschenen oder im Maderanertal. Alles Weitergehen verlangt den Weg über den Pass. Der Gotthard-Pass ist, wenn man ihn zu Fuß geht, gänzlich ohne Problem. Nur – man muss an seinen Ausgangspunkt kommen und der ist Andermatt. Zwischen Göschenen und Andermatt aber ist die wilde Schöllenenschlucht. Auch sie ist ohne größere Probleme zu durchschreiten, aber dann endet sie an einem Abgrund. Dort nämlich, wo die Reuß vom Urserental kommend in einer tiefen Schlucht jedes Weiterkommen verhindert. Man sagt, es sei der Schmied von Andermatt gewesen, der die geniale Idee hatte, an der senkrechten Felswand über dem Abgrund an Ketten einen Steg aufzuhängen, mit dem man an der Felswand entlangkam. Dann brauchte es noch eine Brücke und die Verbindung war geschaffen, der Gotthard-

Pass von Norden zugänglich. Die Brücke schwingt sich so hoch und kühn über die Reuß, dass das Volk sich die Brücke nur so erklären konnte, der Teufel habe sie gebaut. Die Leute von Andermatt hätten dem Teufel dafür die erste Seele versprochen, die über die vom Teufel gebaute Brücke ging. Dann haben sie den Teufel hineingelegt, indem sie als Erstes einen Geißbock über die Brücke schickten. Daraufhin habe der Teufel voller Zorn einen riesigen Felsblock geholt, um mit ihm die Brücke wieder zu zerschmettern. Und wie er so mit dem Felsblock auf dem Rücken an Göschenen vorbeikeuchte, begegnete ihm ein altes Mütterchen, das fragte: »Wo geht Ihr denn mit diesem schweren Ding hin?«
»Nach Andermatt«, brüllte der Teufel.
Da sagte das freundliche Mütterchen: »So geht mit Gott.«

Derlei Gerede vom lieben Gott mag der Teufel gar nicht. Darum warf er voller Zorn den Felsblock einfach weg, er war ihm ohnehin längst zu schwer. Der lag die längste Zeit am Ortseingang von Göschenen. Irgendwann ließ ihn eine Schokoladefirma braun anstreichen und Sowieso-Schokolade darauf schreiben. Der gnädige Regen und der Schnee haben das schließlich abgewaschen. Dann wurde die Gotthard-Autobahn gebaut und ausgerechnet dort, wo sie in den neuen Tunnel einmünden sollte, lag der Stein. Also musste er weg. Er sollte gesprengt werden. Aber die Schweizer, in diesen Dingen etwas sentimental, haben mehrere hunderttausend Franken aufgebracht, um ihn für die Autobahn einfach auf die Seite schieben zu lassen. So ist er noch da und man kann noch immer seine Geschichte erzählen.

Zurück zum Gotthardweg. Der Zugang zum Gotthard-Pass war nun von Uri her möglich und wie man sagt, konnten nun die Urner den roten Wein des Südens trinken, der ihnen vorher verwehrt war, von dem sie aber so viel Gutes gehört hatten. Tatsächlich aber hatte es bereits vor der Öffnung des Gotthard-Passes jenen Alpenübergang des Chrüzlipasses gegeben, den ich selbst auch ausprobiert habe. Man hat mir erzählt, dass es noch im vergangenen Jahrhundert üblich war, dass Bauern aus dem Reußtal ihre Kühe über den Chrüzlipass trieben, um sie auf dem Viehmarkt in Sedrun zu verkaufen und nach gemachtem Geschäft, am selben Tag noch über den Chrüzlipass wieder zurückkamen.
Also, es gab schon einen Weg übers Gebirge nach Süden, nur war er halt im Winter nicht gangbar und im Sommer weit beschwerlicher als der sanfte Gotthardweg.
Wie dem auch sei, mit dem Handel über die Pässe sind wir beim Geheimnis von Uri, um nicht zu sagen der Schweiz angekommen. 1231 schrieb König Heinrich, der Sohn Friedrich II., in Hagenau im Elsass einen Freiheitsbrief, der den Urnern Reichsunmittelbarkeit und Unveräußerlichkeit für alle Zeiten zusichert. Aber, so vermuten die Historiker, dieser Brief hielt nur etwas fest, was bereits politische Wirklichkeit war.

1291, als der Gotthard-Pass eröffnet war, schlossen sich die Urner mit den Bauern aus Schwyz und Unterwalden zusammen und schwuren in einer Nacht auf jener Wiese am See, die »Rütli« heißt, zusammenzustehen, um niemals mehr Herren über sich zu dulden: »Wir wollen sein ein einig Volk von Brüdern ...«.

Das weiße Buch von Sarnen 1470 berichtet von diesem Schwur auf dem Rütli. Als 1860 der Plan bestand, auf dem Rütli ein Hotel zu bauen, haben die Schulkinder der ganzen Schweiz ihr Taschengeld zusammengelegt und mit diesen kleinen und kleinsten Beträgen konnte das Rütli gekauft werden, das nun als Wiege der Schweiz in seinem ursprünglichen Zustand erhalten bleibt. Das Rütli hat noch einen denkwürdigen Tag erlebt, nämlich 1940, als der schweizerische Oberbefehlshaber General Henri Guisan seine hohen und höchsten Offiziere auf dem Rütli versammelte, um den Durchhaltewillen der Schweiz inmitten des inzwischen faschistischen oder faschistisch besetzten Europas zu stärken.

Der eigentliche Rütlischwur aber bestätigte den Freiheitswillen, der an einem freien Handel über den Gotthard interessierten Kantone: Uri, Schwyz und Unterwalden, die drei Urkantone.

Das Besondere an Uri ist – und darin unterscheidet es sich mit Ausnahme des Wallis von allen anderen Kantonen der Schweiz –, dass alles Land, vom Talboden bis auf den Alpenkamm der Berge ringsum urnerisch ist und damit glich Uri durchaus einer der neuen, im 13. und 14. Jahrhundert entstehenden Städte mit ihren Mauern ringsum.
So heißt es bei einem Dichter jener Zeit:
»Das land ist wohl beschlossen yn
dann Gott ist selbst der murer gsin.«

Hinzu kam noch, dass bis 1856, als die Axenstraße gebaut wurde, auch der Zugang von Norden nach Uri nicht einfach war: Es gab keine Straße nach Uri, nur den Seeweg über den Vierwaldstätter See, und der hatte seine Gefahren.
So war Uri ein einzigartiges politisches Phänomen. Unabhängig und sicher vor dem Zugriff von außen. Erst die Franzosen machten 1798 diesem Zustand ein Ende und die Russen des Generals Suwarow, die von Süden her 1799 durchmarschierten, nachdem sie an der Teufelsbrücke die Franzosen besiegt hatten.

Wenn man in einem Hotel öfters einkehrt, entsteht ein fast freundschaftliches Verhältnis zur Familie des Besitzers. An einem Wochenende, als ich in Amsteg wieder einmal übernachtete, kam der Vater des Hoteliers auf mich zu und fragte mich, ob er mich am darauf folgenden Sonntag zur Korporationsgemeinde von Uri einladen dürfe. Es war keine Frage »ja« zu sagen. Die Korporationsgemeinde von Uri umfasst alle Urner, die Korporationsbürger von Uri sind. Das kann man nicht werden, sondern ist es entweder von Geburt oder nicht und das bedeutet, dass man ein Anrecht auf die Nutzung des gemeinsamen Landbesitzes von Uri hat. Dazu muss man wissen, dass fast 90% des Bodens in Uri der Korporation gehören und von den Bauern z.B. zur Nutzung entliehen werden. Die Bewohner von Uri besitzen äußerstenfalls den kleinen Garten um ihr Haus.
Zu den Rechten der Korporation gehören z.B. auch die Wasserrechte, d.h. die Wasserkraftwerke des Reußtales müssen für die Nutzung des Wassers an die Korporation bezahlen. Und da kommt was zusammen!

Es war ein strahlend schöner Maisonntag, ganz Uri war in voller Blüte, die Obstbäume auf den Feldern, der Löwenzahn auf den Wiesen, der Flieder und die Pfingstrosen in den Gärten. Und alles sah aus wie frisch gewaschen, denn es war Föhn. Der alte Wirt stieg zu mir in meinen Wagen und dann hieß er mich, alle Orte rund um den Hauptort Altdorf zu besuchen. Wir waren in Seedorf, in Attinghausen, in Schattdorf, in Bürglen und nicht zuletzt in dem kleinen wunderschönen Wasserschlösschen in Seedorf, das jenem Kaufmann gehörte, der den Handel mit Uri beherrschte. Was diese Fahrt bedeutete, habe ich 14 Tage später erfahren, da ist nämlich der alte Mann, der in den schweren Jahren des Krieges Landammann, d.h. Regierungschef, von Uri gewesen war, gestorben. Er hat an jenem Sonntagmorgen Abschied genommen von seinem Land. Und ich durfte dabei sein.
Dann waren wir auf jenem Platz in Altdorf, wo für die Korporationsgemeinde die niedrige Tribüne aufgebaut war. Tribüne ist zu viel gesagt, es ist ein ringförmiges Podest, nach innen abfallend, das den Korporationsbürgern die Möglichkeit gibt, stehend – auch in den hinteren Reihen – alles zu sehen.
Der Weibel trat vor und verkündete den Beginn der Gemeinde: »Wer Korporationsbürger des Kantons Uri ist, 18 Jahre alt, männlichen Geschlechts, trete herzu. Wer nicht Korporationsbürger des Kantons Uri ist, nicht 18 Jahre alt und nicht männlichen Geschlechts ist, trete

Göscheneralpsee (Uri)

hinweg, es sei denn, er sei Gast.« Das Letzte galt mir. Ich konnte in der vordersten Reihe des »Thing« stehen bleiben. Dann wurden fünf Vaterunser gebetet, dann kamen die Wahlen mit der besonderen Feinheit, dass der Gewählte die Wahl nicht ablehnen kann und was immer die Wahl an persönlichen Konsequenzen für ihn hat, er muss das Amt übernehmen. Die übrigen Tagesordnungspunkte, die in der Schweizer Amtssprache Traktanden heißen, wurden behandelt. Im Grund für mich nicht interessant, aber etwas anderes machte die Veranstaltung zu einem Erlebnis besonderer Art: die hohe Qualität der gehaltenen Reden. Es waren vor allem die Bauern aus dem Schächental, die sich mit einer exquisiten Rhetorik hervortaten. Es waren auch sonst eindrucksvolle Gestalten. Sie trugen blaue Hirtenhemden mit bunten Wollbommeln und die meisten hatten lange, rote, wallende Bärte. Das Ganze war eine Lehrstunde in Demokratie.

Ich war noch ein zweites Mal bei der Korporationsgemeinde in Uri, an jenem Tag, an dem beschlossen wurde, Frauen die Teilnahme zu ermöglichen. Als die Korporationsgemeinde zusammentrat und der Weibel die Eröffnungsformel zum letzten Mal in der alten Form (»... nicht männlichen Geschlechts ...«) sprach, da standen die Frauen von Uri rund um den Platz bereit. Als die Abstimmung dann das »Ja« erbrachte, ein mühsames »Ja«, erzwungen übrigens aus Bern, da stürzten die Frauen in den Ring und man nahm ihnen ab, dass sie zufrieden waren, nunmehr auch über Wohl und Wehe der Korporation abstimmen zu dürfen. Unsere Freundin Frieda, die auch beim ersten Mal dabei war, sagte dann: »Es war allerhöchste Zeit.« Der alte Hotelier aus Amsteg hat es nicht mehr erlebt.

Uri. Wenn ich Uri denke, fällt mir die Gitschenalp ein, wo Frieda und Sepp und ihre beiden Töchter den Sommer mit den Kühen verbringen, wo sie einen wunderbaren Alpkäse machen.

Wenn ich Uri denke, dann fällt mir eine andere Bauernfamilie ein, die über Gurtnellen in einem kleinen Haus in den Bergen lebt und arbeitet. Wir haben die Familie – Vater, Mutter, Großvater, Tochter und zwei Söhne – ein Jahr lang mit der Filmkamera beobachtet. Es war an Weihnachten, als wir zum ersten Mal zu einem Besuch mit dem Helikopter hinaufflogen. Der Schnee lag über einen Meter hoch. Und dann sind wir jeden Monat wiedergekommen. Wir haben die Familie beobachtet beim Melken, beim Stall misten, beim Käse machen, die Kinder auf dem Schulweg, die Frau beim Einkaufen und wir haben gelernt, dass es auch in der Schweiz Menschen gibt, die mit sehr wenig Geld auskommen müssen. Eine Bauernfamilie hat zwar die Grundnahrungsmittel aus eigener Produktion, Miete muss sie auch nicht bezahlen, aber es bleibt die Steuer, es bleiben die Versicherungen und Kleider kosten Geld. Auch dann, wenn man für die Erwachsenen die Kleidung im Secondhand-Geschäft einkauft. Was wir gelernt haben, war, dass wichtiger als materieller Besitz und Geld ein glückliches Miteinander ist. Die Kinder hatten vieles nicht, was man andernorts meint, unbedingt haben zu müssen, aber sie waren den ganzen Tag mit den Eltern und mit dem Großvater zusammen, von denen sie all das lernten, was im Leben wichtig ist. Die bäuerlichen Techniken natürlich, aber auch das Haushalten und Kochen, einfache Gesundheitspflege und ein tiefer religiöser Glaube, ein Glaube, ohne den das Leben in der extremen Bergsituation mit ihren allgegenwärtigen Gefahren nicht möglich ist. Ich denke an den Alpsegen, den Sepp jeden Abend über seine Alp gerufen hat, den Segen für Menschen und Tiere, zum Schutz gegen Unheil aller Art.

Unvergesslich bleiben mir die Gelegenheiten, wo wir mit der Bauernfamilie zusammen gegessen haben, die einfachen Speisen der Urner Küche. »Ris un Por« z.B.: »Reis mit Lauch«. Dieses Ris un Por ist so typisch für Uri. Lauch ist eines der wenigen Gemüse, die in der Bergregion gedeihen. Der Reis aber wird über den Gotthard eingeführt, aus Oberitalien, und zwar nicht erst in unserer Zeit. Das Land Uri ist im Wesentlichen so schmal und steil, dass zu wenig Ackerfläche für Grundnahrungsmittel bleibt. Darum haben die Urner Bauern weit gehend von alters her darauf verzichtet, diese Grundnahrungsmittel selbst anzubauen, sie haben vielmehr die Produktion von Käse forciert. Käse, mit dem sie über den Gotthard-Pass hinweg bis nach Italien hinein Handel getrieben haben und dafür die Grundnahrungsmittel wie eben den Reis, aber auch Getreide und Wein eingeführt haben. Bei manch anderen typischen Urner Rezepten spürt man den Einfluss des Südens und nicht nur des Südens. Da ist z.B. die »Cazzuola«, der nahrhafte Gemüse- und Fleischeintopf, der aus gesalzenem Speck, Zwiebeln, Weißkraut, Karotten, Sellerie, Lauch, Rotwein, Kartoffeln und Bouillon besteht. Die Tessiner und italienischen Arbeiter haben das Gericht während des Baues der Gotthard-Eisenbahn nach Uri gebracht. Oder die

»Älplermagronen«, bestehend aus Makkaroni (vom Süden), aus Kartoffeln, Käse und gerösteten Zwiebeln.

Bemerkenswert ist, wie wir unsere Bergbauernfamilie gefunden haben. Es gibt in der Schweiz eine Institution mit dem Namen »Schweizer Berghilfe«. Man ist geneigt, an die Bergwacht zu denken, jene Einrichtung des Alpenvereins, die der Rettung von Alpinisten gewidmet ist. Damit hat die Schweizer Berghilfe nichts zu tun. Sie ist die Solidaritätseinrichtung des Schweizer Volkes mit der Bergbevölkerung. Aus dem Geld von Sammlungen, von Stiftungen kommt jährlich ein Betrag zusammen, der den Bergbauern helfen soll zu überleben. Dies kann ebenso ein neuer Stall, eine neue Scheue sein oder eine Straße, die die Möglichkeit schafft, einen abgelegenen Hof mit dem Auto zu erreichen. Das kann aber auch die Unterstützung von Bergbauernkindern sein bei Schulbesuch und Ausbildung. Der Geschäftsführer dieser bewundernswerten Institution ist seit vielen Jahren ein lieber Freund, der mir mit Rat und Tat bei einer ganzen Reihe von Filmprojekten über die Schweiz behilflich war. An ihn habe ich mich auch in diesem Fall gewandt und er fand in seinen Unterlagen den Namen der Bauernfamilie, die ihm als unterstützungswürdig bekannt war. Er sagte: »Da ist eine Familie, deren Kinder haben sich eine elektronische Orgel gewünscht. Ich hab rumgefragt und eine gebrauchte Orgel kostenlos aufgetrieben. Die bringe ich jetzt zu der Familie und da kannst du schauen, ob dir diese Familie gefällt.« So kam unser Projekt zustande. Auch das ist ein Stück bewundernswerte Schweiz, die aus der Initiative von Privatleuten hilft und nicht vom Staat Hilfe als Selbstverständlichkeit erwartet.

Manche meiner Begegnungen mit Uri liegen Jahre zurück. Meine jüngste Begegnung aber ereignet sich auf der Gotthard-Autobahn, kurz nach der Raststätte Erstfeld. Da werden die Lastwagen ausgeleitet und auf einer eigens von der Autobahn abgetrennten Fahrspur stehen sie dann, die 40-Tonnen-Lkws aus ganz Europa. Toilettenhäuschen sind eigens aufgestellt, damit die Fahrer nicht auch noch die Landschaft auf diese menschliche Art versauen. Es genügt ja die Masse der Lkws. Ich habe versucht sie zu zählen, zwischen Erstfeld und Amsteg. Irgendwann bei über 100 habe ich aufgegeben. In Amsteg ist die so genannte Dosierungsstelle. Da werden die Lkws dann pulkweise nach einem genauen Zeitplan auf die Gotthard-Straße und den Tunnel losgelassen. Seit dem 24. Oktober 2001, als ein Fahrer aus Anatolien mit einem geliehenen Lkw, dessen Auftraggeber niemand kennt, mit einer Ladung hoch entzündlicher Stoffe ausgerechnet unter der militärischen Sprengkammer am Südportal des Tunnels mit einem entgegenkommenden Lastwagen zusammenstieß – allein die Tatsache, dass moderne Sprengstoffe auf Hitze nicht reagieren, hat Schlimmeres verhindert –, wird der Lastwagenverkehr über den Gotthard geregelt. Das ist das Kreuz des kleinen Kantons, die Lkws und der nie abreißende Strom von Autos, der lärmig und stinkend durch den Kanton fährt.

Und noch etwas wird dazukommen. In Amsteg, Sedrun, Faido und bei Biasca bauen sie am neuen Basistunnel unter dem Gotthard hindurch, über 60 km lang, der längste Eisenbahntunnel der Welt. Schnelle Züge werden in diesem Tunnel verkehren, die eine eigene Trasse bekommen, neben der Gotthard-Bahn, neben der Autobahn, quer durch das Herz des kleinen Uri hindurch.

Uri ist das Herz der Schweiz und in gewisser Weise auch Europas. Es muss schwer für diese Sonderstellung bezahlen.

Noch eine Begegnung mit Uri scheint mir bemerkenswert. Es war die Wirtin des Bahnhof-Restaurants von Göschenen, die sie mir erzählt hat. Bis zur Elektrifizierung der Gotthard-Strecke, die allerdings früh erfolgte, mussten die Dampflokomotiven, die von Erstfeld den Zug über die Gotthard-Rampe nach Göschenen hinaufgezogen hatten, zuerst einmal wieder mit Frischwasser und Kohle versorgt werden. Dies dauerte seine Zeit und so hatte der Zug einen längeren Aufenthalt in Göschenen. Diese Zeit wurde von den Reisenden benutzt, um im hoch gerühmten Bahnhof-Restaurant von Göschenen zu essen. Der Wirt war nicht nur ein Dichter, sondern auch ein Schlitzohr. So sorgte er stets dafür, dass die Suppe kochend heiß serviert wurde. Die Reisenden hatten Mühe, die heiße Suppe durch Rühren und Blasen abzukühlen, das kostete Zeit und in den wenigsten Fällen reichte es den Reisenden bis zum Hauptgang, weil inzwischen die Aufenthaltszeit des Zuges vorbei war. So sparte der Wirt sich wenigstens einen Großteil des Hauptgerichtes ein, das er sich natürlich bezahlen ließ: Die Reisenden bestellten beim Schaffner zwischen Erstfeld und Göschenen das Essen und bezahlten es auch gleich.

*

Schwyz

Ich muss es ehrlich sagen, Schwyz war für mich über viele Jahre ein Ort, an dem ich vorbeifuhr. Auf der alten Nationalstraße zunächst, die von Norden her von Lenzburg über Muri, Rotkreuz, Immensee, Arth nach Süden führt und in Brunnen dann den Anschluss an die Axenstraße gewinnt. Ich habe die Mythen bewundert, die sich hinter Schwyz erheben, habe wohl gewusst, dass es in Schwyz das Bundesbriefarchiv gibt, wo alle Verträge der Eidgenossen seit 1291 zu jedermanns Anschauung ausgestellt sind, aber ansonsten habe ich mich nicht hindern lassen, so schnell wie möglich zur Axenstraße und zum Urner See zu kommen. Bis dann eines Tages unsere Planung eine Sendung »Kochen wie in Schwyz« vorsah. Und diesmal sind wir von der Autobahn an der Ausfahrt Schwyz abgefahren und dann, ja dann sind wir wieder an Schwyz vorbeigefahren. Am Ortsschild Brunnen, als endgültig feststand, dass wir falsch waren, sind wir umgekehrt und haben nach drei weiteren Anläufen schließlich Schwyz gefunden. Den kleinen Platz mit der wunderschönen Barockkirche, mit dem Rathaus, auf dessen fensterlosen Fassade man Szenen aus der Schlacht von Morgarten sehen kann, das Haus Bethlehem, ein wenig östlich vom Hauptplatz, für dessen Balken das Fälldatum 1279 und 1287 ermittelt wurde, und dann die Herrenhäuser, das Ital-Reding-Haus von 1609, spätgotisch mit Renaissance gemischt und die Palais, die man nur von außen bewundern kann, weil ihre Besitzer, die großen Familien von Schwyz, noch immer darin wohnen. Das Ganze ausgebreitet vor den beiden eindrücklichen Mythenstöcken, dem großen und dem kleinen Mythen.

Schwyz ist wie Uri eine Urzelle der Schweiz. 1240 erhielt es von Kaiser Friedrich II. die Urkunde der Reichsfreiheit. Nur, Friedrich II. lebte zu diesem Zeitpunkt im Streit mit dem Papst und infolgedessen stand er im Kirchenbann, also konnte wer wollte, den Freiheitsbrief der Schwyzer anfechten. So waren sie gezwungen, die Gemeinschaft mit anderen zu suchen, mit Uri und mit Unterwalden. Einer der Gründe für den Rütlischwur. In der Schwyzer Situation waren die Bundesgenossen Gold wert. Aber dann erkämpften sich die Schwyzer 1315 in der Schlacht von Morgarten gegen die Habsburger ihre eigene Freiheit. Ursache für diese militärische Auseinandersetzung mit den Habsburgern war der Streit der Schwyzer mit dem Kloster Einsiedeln um die jenseits der Mythenstöcke gelegenen Alprechte, die die Schwyzer Bauern einfach für ihre Viehwirtschaft brauchten, die Alpen des Schwyzer Raumes waren zu eng. Die Schirmherrschaft über Einsiedeln aber hatten die Habsburger. Die Schwyzer versuchten zunächst, auf juristischem Weg zu den Alprechten zu kommen (»sie standen seit alters her Schwyz zu!«), aber sie scheiterten vor Gericht. Als nun feststand, dass es keine Möglichkeit gab, auf juristischem, d. h. auf friedlichem Weg die Rechte zu bekommen, überfielen sie kurzerhand das Kloster Einsiedeln, nahmen die Mönche als Gefangene mit, entweihten die Klosterkirche in barbarischer Weise. Einer der gefangenen Mönche, Rudolf von Radegg, hat in einem Gedicht von 1700 lateinischen Versen ein literarisches, wenn auch wenig freundliches Portrait der Schwyzer niedergeschrieben. Und so stehen die Schwyzer um die Mitte des 13. Jahrhunderts vor uns: »zäch wie buechi chnebel«, »hart und skrupellos in ihrem politischen Handeln, standfest, bockig und hartköpfig, keck und beweglich im Ausnützen günstiger Umstände, hemmungslos auf den eigenen Vorteil bedacht«. So kam es, dass die Bezeichnung Schwyzer zum Schimpfwort für alle Eidgenossen wurde, ähnlich wie die Bezeichnung »Schwabe« als abfällige Bezeichnung für alle Deutschen in der Schweiz. So kam es auch, dass schließlich der Name Schweiz vom Kanton Schwyz auf die ganze Eidgenossenschaft überging. Und dass die Schwyzer Fahne, die rote Fahne mit dem weißen Kreuz, die Fahne der Eidgenossenschaft wurde. Man hat gelegentlich behauptet, die rote Fahne mit dem weißen Kreuz sei die Sturmfahne des Heiligen Römischen Reiches Deutscher Nation gewesen, die man in der Schlacht den Reihen der Deutschen vorangetragen habe und die den Tapfersten im Reich anvertraut worden sei, eben den Schwyzern. Aber neue historische Forschung weist auf den kirchlichen Ursprung des Wappens und der Fahne hin. Man mag es gerne glauben, wenn man weiß, wie unverrückbar katholisch die Schwyzer, trotz aller Auseinandersetzung um und mit dem Kloster Einsiedeln, sind und waren. Sie blieben in allen Zeiten beim alten Glauben.

Einsiedeln ist bis heute ein Zentrum der katholischen Schweiz, auch wenn ein Verlag, der katholisches Schriftgut verbreitete, inzwischen nicht mehr existiert.
Es war im Jahr 835, als ein Mönch von der Reichenau, namens Meinrad, in der Einsamkeit der Wälder eine Eremitenklause schuf. Dort lebte er 26 Jahre. Seine Gefährten waren zwei Raben. Zwei Räuber erschlugen den frommen Mann in der Meinung, er habe in seiner Klause Reichtümer angesammelt. Die Raben Meinrads verfolgten die Mörder, machten die Obrigkeit auf sie aufmerksam und sorgten so für Sühne für die Tat.
Die Raben sind Bestandteil des Einsiedler Wappens. 100 Jahre später wurde an der Stelle der Einsiedelei ein Benediktiner-Kloster gegründet, das im 14. Jahrhundert dann als Marienwallfahrtsort zu den wichtigsten Pilgerzielen Europas gehörte. Selbst der Jakobsweg, der Pilgerweg von Deutschland nach Santiago di Compostella, führte vom Bodensee her über Einsiedeln und dann am Fuß der Alpen entlang nach Lyon und zum französischen Jakobsweg, der durch die Cevennen und die Pyrenäen führt.

Im vergangenen Jahrhundert wurde Einsiedeln auch für die Katholiken des Schwarzwaldes zu einem wichtigen Zentrum. Als nämlich die moderne Leitung der neuen Erzdiözese Freiburg im Einvernehmen mit dem evangelischen Großherzog mit einem neuen Katechismus den katholischen Glauben von Aberglauben befreien wollte und dabei lieb gewordene Glaubenstradi-

tionen des Volkes verletzte, da fanden die Gläubigen in Einsiedeln ihren lieb gewonnenen Glauben als lebendige Wirklichkeit. Ein klein wenig drängt sich einem Bischof Lefebvre mit seinem alten Glauben als Analogie aus unseren Tagen auf.
Bis in unsere Tage war es deshalb auch üblich, dass junge Paare aus dem Schwarzwald ihre Hochzeitsreise nach Einsiedeln machten.

Einsiedeln ist eine überaus eindrückliche Klosteranlage mit einem zur Stadt hin abfallenden Vorplatz, auf dem geistliche Spiele aufgeführt werden, mit einer wunderschönen Fassade, in deren Mittelpunkt die Klosterkirche steht, deren Rokoko-Schönheit den Besucher überwältigt.
Gleich hinter dem Eingangstor hat in einer eigenen Kapelle das Wallfahrtsbild, die wundertätige Madonna, ihren Platz. Ganze Bündel von Krücken und Stöcken sind Symbole des Dankes für die Heilung.
Im Chor der Kirche ziehen die Mönche ein, um ihr Stundengebet zu verrichten. Gesang und Gegengesang des gregorianischen Chorals halten die tausendjährige Tradition des benediktinischen Mönchtums lebendig.
Neunzig Mönche leben heute im Kloster, zu der eine theologische Hochschule gehört. Der Gastpater zeigt uns die Klosterküche und die Klosterkellerei, dort waltet Frater Alexander seines Amtes. Er kommt aus dem südlichen Schwarzwald. Sein Wein ist bemerkenswert.

Für Schwyz ist bemerkenswert, dass erst im Jahre 1946 zum ersten Mal eine Einkommenssteuer eingeführt worden ist. Diese Einkommenssteuer ist bis heute in verschiedenen Gemeinden des Kantons so niedrig, dass der Anteil an Millionären, die hierher gezogen sind, um Steuern zu sparen, überproportional hoch ist. So ist von einer Gemeinde, die am Zürichsee liegt, aber zu Schwyz gehört, bekannt, dass jede 12. Familie mehr als eine Million Schweizer Franken Vermögen hat.

Von Schwyz und den Schwyzern erzählt die Sage, es seien eigentlich Schweden. Vor langer Zeit sei in ihrem Land eine schreckliche Hungersnot ausgebrochen und sie hätten keine Möglichkeit gesehen, zu überleben. Da hätten sie sich an den König von Dänemark gewandt und der habe ihnen geraten, das Land zu verlassen. So machten sich viele tausend Schweden, denen sich auch noch einige hundert Friesen anschlossen, auf den Weg nach Süden. Sie wollten nach Italien ziehen.
Als sie an den Rhein kamen, hinderten sie die Römer am Überschreiten des Stroms und sie mussten sich den Weg in einer blutigen Schlacht freikämpfen. So kamen sie schließlich in die Gegend des heutigen Einsiedeln mit seinem dichten, dunklen Wald. Als sie weiterzogen, fanden sie in der Gegend des heutigen Brunnen ein Haus, in dem ein Fährmann wohnte. Der war bereit, sie über den Urner See ans südliche Ufer zu bringen. Er schilderte ihnen allerdings alle Schwierigkeiten, die sie beim Überwinden des Gebirges haben würden. Als dann auch noch ein Unwetter den Urner See tagelang unpassierbar machte, schauten sie sich um in dem Land, in dem sie waren, fanden viele Quellen mit gutem Wasser und sahen, dass die Wälder voll jagdbarem Wild waren. Da beschlossen sie, in diesem Land zu bleiben, das sie an ihre Heimat erinnerte.
Als es nun darum ging, dem Land einen Namen zu geben, stritten sich die beiden Anführer mit Namen »Schey« und »Swyd«. Man beschloss ein Gottesurteil. Schey und Swyd traten mit dem Schwert gegeneinander an. Swyd siegte und so kam das Land zu seinem Namen »Swyz«. So weit die Sage.

*

Ob- und Nidwalden

Wenn man vom Rütlischwur spricht und den daran beteiligten drei Urkantonen, dann geht einem Uri ganz gut von den Lippen. Bei Schwyz kommt man ein wenig ins Stocken. Schließlich war es mit deren kaiserlichem Freiheitsbrief nicht so sonderlich weit her. Hatte nicht der Reichstag alles, was der Kaiser im Kirchenbann entschied, aufgehoben? Bei Unterwalden ist es dann ganz aus.

Die Unterwaldner hatten noch nicht einmal einen zweifelhaften Freiheitsbrief, manche Historiker nehmen zwar an, dass die Unterwaldner als Bundesgenossen der Staufer von Kaiser Friedrich ebenfalls mit einem Freiheitsbrief bedacht wurden, aber halt ebenfalls im Kirchenbann erlassen und vom Reichstag annulliert. So waren die Unterwaldner in Sachen Freiheit ganz und gar auf ihre beiden Partner im Bund angewiesen. Hinzu kommt noch, dass Uri der Kanton des Gotthardpasses war, mit ganz unmittelbaren Interessen an seiner Freiheit, Schwyz profitierte mehr

Das Meiental mit Straße zum Sustenpass (Uri)

oder weniger davon, obwohl seine Interessen auch nach Norden und Osten orientiert waren, aber Unterwalden, das lag nun wirklich im toten Winkel, zwischen Vierwaldstätter See und Brünigpass.

Auch in anderer Hinsicht unterscheidet sich das Land zwischen Vierwaldstätter See und Brünigpass von Uri und Schwyz. Sowohl Uri wie Schwyz hatten eine fast übergreifende staatliche Struktur, in der die einzelne Gemeinde gegenüber der Korporation in Uri oder den Bezirken von Schwyz in eine Nebenrolle gedrängt war. In Unterwalden war es gerade umgekehrt. Hier dominierten die Gemeinden gegenüber dem übergreifenden Ganzen des Kantons. Hinzu kam noch, dass es eben genau dieses Übergreifende des Kantons in Unterwalden gar nicht gab. Der Kanton bestand immer schon aus zwei Landesteilen, deren Verhältnis zueinander schwer zu definieren war. Unterwalden ist einer der Halbkantone der Schweiz wie Basel und Baselland und Appenzell Außer- und Innerrhoden. Unterwalden war und ist also zugleich ein Ganzes und doch wieder auch ein Ganzes, das aus zwei Teilen besteht: aus Obwalden eben und Nidwalden, zwei Landesteilen, deren kompliziertes Verhältnis zueinander z.B. dadurch bestimmt ist, dass der Landesteil westlich des Kernwaldes rund um den Sarner See, die Obwaldner, zwei Drittel, die Nidwaldner mit dem Zentrum Stans nur ein Drittel der gesamten unterwaldnerischen Rechte zu beanspruchen hatten.

Da gibt es bis heute im nidwaldnerischen Stansstad einen letzten Rest einer Seebefestigung, die gemeinsam errichtet wurde und deren Unterhalt gemeinsam zu bestreiten war. Davon steht heute noch der so genannte Schnitzturm. Dieser Schnitzturm kostet bis heute Brandversicherung, obwohl alles, was brennbar war, bereits im Jahr 1798 in der Auseinandersetzung mit den Franzosen verbrannt ist. Gleichwohl zahlt Obwalden bis heute zwei Drittel der Versicherungsprämie, Nidwalden hingegen ein Drittel. Mag sein, dass diese zahlenmäßige Zurücksetzung der Nidwaldner gegenüber den Obwaldnern ein Teil der Ursache für das freundlich gespannte Verhältnis der beiden Landesteile zueinander ist.

Nidwaldner und Obwaldner gelten als zwei völlig unterschiedliche Menschenschläge. Die Obwaldner rühmen sich einer soliden Tüchtigkeit und halten die Nidwaldner wegen ihrer oft überschäumenden Fantasie für unseriöse Hallodris. Während die Nidwaldner hinwiederum die Obwaldner für knochentrocken und spießig ansehen.

Der Pfarrer und Lehrer Alois Businger hat in den 30er-Jahren des 19. Jahrhunderts die Bewohner beider Halbkantone charakterisiert. Er beschreibt die Obwaldner als »immer etwas bedächtiger, vorsichtiger, zurückhaltender«, die Nidwaldner als »etwas rascher, voreiliger, ungestümer«.

Nun existiert in Nidwalden, wie als Bestätigung der Vorurteile, eine etwas merkwürdige Einrichtung, nämlich der »unüberwindliche große Rat«. Eine fasnächtliche Vereinigung Nidwaldner Bürger, die während der Fasnacht so tun, als hätten sie von Stans aus ein unermessliches Reich zu regieren und zu verwalten. Für Nidwaldner Amtspersonen – selbst Landammänner gehören dem »unüberwindlichen großen Rat« an – Gelegenheit, die eigene Regierungstätigkeit zu parodieren. Dies geschieht mit viel Witz und Humor. Gleichwohl ist der »unüberwindliche große Rat« zugleich auch eine religiöse Vereinigung, die dem hl. Sebastian gewidmet ist. Das große Fest des »unüberwindlichen großen Rates« findet am schmutzigen Donnerstag statt und beginnt mit einem gemeinsamen Kirchgang. Für jeden verstorbenen Angehörigen des Rates lässt dieser eine Seelenmesse lesen.

Fritz René Allemann schreibt: »Frömmigkeit und derber Lebensgenuss, kirchliche Weihe und Zechfestigkeit sind hier eine wahrhaft barocke Verbindung miteinander eingegangen, die von der Breite wie von der inneren Widersprüchlichkeit nidwaldnerischen Naturells zeugt«.

Derlei Dingen ist der Obwaldner gänzlich abgeneigt. Er ist für das Reale, Gediegene, ist dem Tun des Alltags mehr zugetan als der großen Geste.
Und so ist es kein Wunder, dass Obwalden der Schweiz den einzigen Heiligen geschenkt hat, den die Nation bisher hat: Niklaus von Flüe.
Er war ein angesehener Bauer und Ratsherr, der Vater von zehn Kindern, von denen das Jüngste noch in der Wiege lag, als Niklaus in seinem 50sten Lebensjahr beschloss, sich aus der Welt zurückzuziehen, um in Gebet und Askese ein heiligmäßiges Leben zu führen. Nur knapp fünf Minuten von seinem Wohnhaus in Flüeli ist die Eremitenklause in dem stillen Tal der Ranft entfernt, sodass man annehmen möchte, dass er sich, heiligmäßiges Leben hin oder her, durchaus noch um die Seinen kümmerte.
Niklaus von der Flüe war Mystiker, da brach vielleicht das Erbe seiner Nidwaldner Mutter durch. Aber er nutzte sein wachsendes Ansehen auch, um politische Ratschläge zu geben. Sie waren geeignet, das Schweizer Selbstverständnis bis in unsere Zeit zu bestimmen.

Man kann die beiden Halbkantone auch einmal unter wirtschaftlichem Gesichtspunkt betrachten: Nimmt man das Volkseinkommen pro Einwohner, so findet man die Nidwaldner an zehnter Stelle unter den 26 Kantonen und Halbkantonen, nach ihrer »Finanzkraft« stehen sie sogar an sechster Stelle, die Obwaldner aber auf dem viertletzten Platz. Was ist geschehen?
In den Dreißigerjahren setzten weitsichtige Männer gegen den Widerstand eines Großteils der Bevölkerung, gegen wirtschaftliche Interessenvertreter und gegen die eigene Regierung den Bau eines Wasserkraftwerkes durch. 142 Prozesse und Verwaltungsentscheidungen gegen das Projekt mussten durchgestanden werden. Als das Bannalpwerk seine Arbeit aufnahm, erwies es sich als Erfolg. Der Preis für den elektrischen Strom konnte gesenkt werden, das führte zu Industrieansiedelungen und seitdem sich die Baukosten amortisiert haben, fließt ein jährlicher Reingewinn in die Kassen des Halbkantons. Dieses Geld wurde unter anderem dazu verwendet, das erste Stück der Autobahn zu bauen, das jetzt Nidwalden mit der übrigen Schweiz verbindet.

Nimmt man es genau, so besteht Unterwalden nicht nur aus zwei, sondern aus drei Teilen. Das Engelberger Tal gehört nämlich noch dazu. Obwohl es eigentlich zu Nidwalden gehören müsste, gehört es zu Obwalden, weil die Nidwaldner im entscheidenden Augenblick sich weigerten, die Untertanen des Engelberger Benediktinerklosters ihrem Staatsgebilde zuzuordnen. Die Engelberger unterscheiden sich durchaus von den Nid- und Obwaldnern.
Patriarchalische Art der Abtsregierung und die Sanftheit der Mönche haben ihre Spuren hinterlassen.

Was aber isst der Unterwaldner? Stunggis und Ofetori werden als seine Spezialitäten genannt, der Hauptbestandteil beider Gerichte sind die spät in die Alpenregion gekommenen Kartoffeln, und ein Honig-Apfelkuchen mit Vanillesoße.

*

Zug

Die nachfolgende Geschichte, die sich ganz und gar im kleinsten Kanton der Schweiz abgespielt hat, habe ich bereits einmal wenigstens teilweise in einem der Großmutter-Bücher erzählt. Aber weil sie hierher gehört, mögen mir die Leser verzeihen, die noch einmal auf sie stoßen. Sie sollen sie wenigstens quer lesen oder, wenn's denn sein muss, weiterblättern.

Zu Zeiten als ich noch für das Bildungsprogramm des Südwestfunks verantwortlich war, gab es einen Kooperationsvertrag mit der Exportakademie Baden-Württemberg in Reutlingen. Das Ergebnis dieses Vertrages war eine Serie von Filmen, in denen wir gemeinsam auf die Schwierigkeiten der Zusammenarbeit mit ausländischen Partnern hinwiesen. Die Serie war ausdrücklich hergestellt für mittelständische Betriebe, die mit europäischen und außer-europäischen Partnern Geschäftsbeziehungen eingehen wollten. Es ging dabei um das, was die Fachleute multi-kulturelle Differenzen nannten, um unvorhergesehene Schwierigkeiten in der scheinbar selbstverständlichen alltäglichen Zusammenarbeit bis zu der Frage: »Ist es möglich, den arabischen Geschäftspartner nach dem Befinden seiner Frau und seiner Familie zu fragen?« An solchen Nebensächlichkeiten kann nämlich sonst erfolgreiche Zusammenarbeit scheitern.

Ein klassisches Beispiel einer solchen Schwierigkeit ist in der Literatur zu finden. Als sich die Alliierten auf die Invasion in der Normandie vorbereiteten, waren amerikanische Soldaten in England. Natürlich wollten die G.I.s mit englischen Mädchen ausgehen. Das führte regelmäßig zum Scheitern der sich anbahnenden Beziehung. Warum? Amerikanische Männer sind gewohnt, ihre Partnerin beim Abschied vor ihrer Wohnungstür zu küssen. Das bedeutet überhaupt nichts, ist höchstens ein Zeichen von Sympathie, von Dank für den Abend. Für die englischen Mädchen aber vor bald 60 Jahren war der Kuss so etwas wie eine Art Verlobung. Also entweder sträubten sich die Mädchen, weil ihnen das nach einem einzigen gemeinsamen Abend zu weit ging, oder aber sie erwarteten Konsequenzen, an die der Junge aus Idaho überhaupt nicht dachte. Wahrscheinlich haben sich die Verhältnisse in England und den USA inzwischen wieder grundlegend verändert, die englischen Mädchen sind sicher liberaler geworden, die Amerikaner prüder. Sei's drum. Wir haben diese multi-kulturellen Schwierigkeiten in unserer Serie am Beispiel Frankreich, Spanien, den USA, der ehemaligen UdSSR, Japan, den Vereinigten Emiraten dargestellt.
Was mir bei dieser Gelegenheit auffällt: Die Schweiz hatten wir sträflicherweise ausgelassen. Möglicherweise hatten wir angenommen, die gleiche Sprache (noch nicht einmal die gibt es) verhindere das Auftreten solcher Differenzen. Inzwischen weiß ich, nicht zuletzt durch die jahrelange Zusammenarbeit mit Kathrin, dass es durchaus Missverständnisse gibt, die auf solchen multi-kulturellen Unterschieden zwischen Deutschen und Schweizern beruhen.

Aber eigentlich wollte ich das gar nicht erzählen, sondern von einer Einladung berichten, die mir eines Tages die Export-Akademie schickte. Es war eine Einladung in ein Kongress-Zentrum in Unterägeri am Ägerisee, von dem ich, obwohl ich die Schweiz nun wirklich gut zu kennen glaubte, bis zu diesem Zeitpunkt noch nie gehört hatte. Ich fand Unterägeri und den Ägerisee im Kanton Zug, von dem ich immer gedacht hatte, dass er am Zuger See liegt und das wärs.
Das Ganze war ein Wochenende aller Mitarbeiter.

Ich kam am Mittag nach Unterägeri und als Erstes gab es eine gemeinsame Wanderung rund um den See. Der Ägerisee hat kristallklares Wasser und liegt eingebettet in eine sanfte Landschaft mit Äckern, Wiesen, kleinen Wäldern und seine Ufer sind so gut wie nicht mit Ferienhäusern und Villen verschandelt. Ein See wie im Urzustand. Wir haben ihn umrundet. Es war ein wunderschöner Spaziergang, ohne Hast, mit einem Zwischenhalt für einen Kaffee und um das Morgarten-Denkmal zu beschauen, das am südlichen Ende des Sees liegt.

Einer der anwesenden Professoren stellte uns das Ereignis von Morgarten dar, den Kampf der frühen Eidgenossen mit den Habsburger Rittern um die Vorherrschaft in der Innerschweiz. Er erzählte, wie die Eidgenossen die Habsburger in eine Falle haben laufen lassen, in der sie dann geschlagen wurden. Der Nebel, der gern über dem Ägerisee hängt, muss dabei eine Rolle gespielt haben, sodass die Habsburger nicht sehen konnten, was sie erwartete.

Wir waren zur guten Stunde wieder in unserem Kongress-Zentrum. Ich ging mit einigen der Teilnehmer schwimmen, in dem wunderbaren See. Nach dem Abendessen traf man sich zu einem Vortrag, den ein Rechtsanwalt aus Zürich hielt. Der Titel »Private Initiativen der Entwicklungshilfe«. Dr. E. berichtete uns von seinem Hobby, dem Fliegen und wie er dadurch in der Südsee den König von Tana kennen lernte und ihm half, das Königreich Tana als Land bei der UNO anzumelden. Diese Geschichte muss man nun wirklich in dem früheren Buch nachlesen. Sie hat auch mit Zug nichts zu tun.

Nach Abschluss der Veranstaltung bin ich noch zum Hauptort Zug gefahren und habe mir das alte Städtchen angeschaut. Was mir besonders auffiel, waren die vielen modernen Fabriken und Verwaltungsgebäude rund um Zug. Und dann Zug, das wunderschön an seinem See liegt, der schier endlos zu sein scheint, weil einem das jenseitige Ufer, das flach ist und im Dunst verschwimmt, die Weite eines Meeres vorgaukelt.
Andererseits wird das Bild dominiert von der Rigi und an hellen Tagen erkennt man in der Ferne die Berge des Berner Oberlandes.

Ich habe mir die alte Sust angeschaut, jenes Lagerhaus, das mit der alten Gotthardstraße in Zusammenhang stand. Die Kaufleute hatten die Pflicht, ihre Waren an einem Ort wie Zug abzuladen, in der Sust über Nacht zu lagern, um dann am anderen Tag erst weiterzuziehen. Die Sust diente zugleich auch als Unterkunft für die Kaufleute selbst. Solche »Susten« kenne ich am Gotthard von Flüelen bis Magadino, wo noch eine ganze Reihe von ihnen steht und davon berichten, wie die Orte an der Gotthardstraße am Fernhandel zu verdienen suchten. Auch die jeweilige Transportgenossenschaft, die Säumer, die die Waren auf ihre Maultiere, Esel, Pferde, Ochsen verluden und von ihnen tragen ließen, hatten ihren jeweiligen Bereich zwischen zwei Susten.

Ich schaue mir den Zytturm an, der den alten Fischmarkt abschließt und Zugs Wahrzeichen ist, das Rathaus von 1505 mit seiner Markthalle und seinem Ratssaal im dritten Stock, der einer der schönsten ist der Schweiz, die St. Oswaldskirche, die man als die schönste spätgotische Kirche der Schweiz neben dem Berner Münster bezeichnet hat.

Aber dies war eben nur die eine Wirklichkeit von Zug. Die andere ist, dass schon im 19. Jahrhundert in Zug eine andernorts noch unbekannte Toleranz herrschte, was den Zuzug von Schweizer Unternehmern aus allen Landesgegenden zur Folge hatte. Eine günstige Infrastruktur und niedrige Steuern führten bis heute dazu, dass sich viele internationale Firmen in Zug niederließen oder hier wenigstens Briefkästen unterhalten. Die Verwaltungsgebäude rund um Zug und Cham sprechen eine entsprechende Sprache. Das hat dazu geführt, dass das Pro-Kopf-Einkommen in Zug, dem kleinsten Kanton der Schweiz, zugleich das höchste der Schweiz ist. Andererseits aber ist nur noch knapp ein Viertel der Bevölkerung auch in Zug geboren. Nicht alle Nichtzuger sind Ausländer, es kommt ein Großteil Schweizer dazu, die nicht in Zug geboren sind, aber in Zug arbeiten und Geld verdienen. Das Bürgerrecht in Zug ist eine rare Sache und nur mit viel Geld zu erwerben, man kann nämlich nicht Schweizer werden, das gibt es nicht, sondern nur Bürger einer Schweizer Gemeinde. Und je mehr Fremde das Zuger Bürgerrecht wollen, desto schwieriger – und teurer – wird es. In den Zuger Korporationen aber gibt es nur Namen, die schon im 18. Jh. in den Kirchenbüchern standen.

Zug hat auch kulinarisch etwas zu bieten. Es sind vor allem die Kirschbäume, die am Ufer des Zuger Sees in großer Zahl wachsen und die die Kirschen für die Zuger Kirschtorte und die Zuger Kirschstängeli und überhaupt den Zuger Kirschschnaps liefern.
In Zug einkehren verlangt, dass man ein Zuger Röteli, einen im Dampf zubereiteten Fisch aus dem Zuger See, mit einer Kräutersahnesauce isst, sonst entgeht einem etwas.
Mit einem solchen Röteli habe ich damals meinen Ausflug in den Kanton Zug beendet. Gelegentlich führt mich allerdings unser Verlag wieder in den Kanton Zug, schließlich hat der Verlag dieses Buches in Cham seinen Sitz und dies sicher aus gutem Grund. Und es ist schon vorgekommen, dass ich mit dem Verlagsleiter am See saß und wenn auch kein Röteli, so doch sonst eine feine Spezialität der Zuger Küche gegessen habe. Zusammen mit einem schönen Wein.

*

Glarus

Zu Glarus habe ich einen dreifachen kulinarischen Bezug. Das eine ist die Autobahn-Raststätte Glarnerland, die für uns so günstig in der Mitte der Strecke liegt, wenn wir über den Bernardino-Pass ins Tessin fahren wollen, und die die beste mir bekannte Autobahn-Raststätte ist. Nicht nur, dass man sich an Ort und Stelle das aussuchen kann, was man essen will, das gibt es auch anderswo, nein, es wird auch vor den eigenen Augen zubereitet. Und nicht nur ein oder zwei Gerichte, sondern wirklich ein Angebot, bei dem es Freude macht, sich das auszusuchen, was einem schmeckt. Das ist das eine.

Das zweite aber ist jene Käsezubereitung, die es halt nur in Glarus gibt: der Schabzieger. Mancher, dem ich meine Begeisterung für Schabzieger nahe bringen wollte, findet ihn schrecklich. Ich aber liebe ihn: Angemacht mit Butter auf einem kernigen Stück Bauernbrot.
Unglaublich gut schmecken auch ganz einfache gekochte Hörnle, die man mit Schabzieger würzt und vielleicht noch ein paar geröstete Zwiebeln darüber gibt.

Schließlich hat Glarus noch eine dritte Herrlichkeit zu bieten: die Glarner »Chalberwurscht«. Eine Kalbsbratwurst wird in einer hellen Zwiebelschwitze gegart und die Sauce mit Sahne verfeinert. Dazu wird »Schnitz und Drunder« serviert, das heißt, ein Kartoffelbrei, karamellisierte Birnen, Spinat und eingelegte Dörrbirnen.

Zurück zum Schabzieger, dessen Herstellung natürlich von seinem Produzenten als Betriebsgeheimnis betrachtet wird. Man weiß nur so viel, dass der besondere Geschmack vom so genannten Blauen Klee stammt, einem Gewächs, das ursprünglich aus Kleinasien kommt und mit dem einzig und allein im Glarnerland Käse aromatisiert wird.

Der Kanton Glarus ist geografisch eine einfache Angelegenheit. Er besteht aus einem einzigen Tal, dem Großtal, das von Norden nach Süden verläuft. Parallel dazu, aber östlich davon, gibt es noch das Kleintal und das Ganze hat drei westliche Querfurchen. Das Tal des Obersees, das Klöntal und der Urner Boden, der schon gar nicht mehr zum Kanton Glarus gehört. Ringsum ist der Kanton von hohen Bergen umstellt, die im Winter mehrere Wochen oder sogar Monate vor der Sonne stehen.

Das Glarnerland ist ein wunderbares Wanderland und ein Land der Alpinisten, die von weiten Gletschern, schroffen Wänden und kühnen Übergängen gelockt werden. Die Wanderer haben schier unbegrenzte Möglichkeiten. Besonders schöne Touren im Angesicht überwältigender Hochalpenpanoramen, Talwanderungen, wie der Friedliweg oder der Suwarow-Weg, und Passübergänge voll historischer Bezüge. Erinnerung an eben jenen General Suwarow z.B., der nach der Schlacht an der Teufelsbrücke durch Uri zog und im hereinbrechenden Winter mit seinem Heer mit Kanonen und Tross über schier unbekannte Pässe von Uri nach Glarus zog.

Sieht man von den großartigen Bergerlebnissen ab, so hat dcr Kanton allerlei Sehens- und Erlebenswertes für den, der keine Sensationen sucht.

Die Bewohner von Glarus aber sind, mehr noch als die Appenzeller, typische Schweizer. Mit einer gewachsenen lebendigen Bauerntradition sind sie zugleich moderne Industriearbeiter geworden, die bereit sind, fortschrittliche Ideen zu verwirklichen.
Die traditionelle Glarner Landsgemeinde hat seit Jahren den Frauen die Mitwirkung erlaubt. Ebenso den noch nicht stimmberechtigten Jugendlichen, die in der Mitte des Rings die direkte Demokratie der Landsgemeinde erfahren.

1864 hat Glarus als erster europäischer Staat im Rahmen eines fortschrittlichen Arbeitsgesetzes den 12-Stunden-Tag eingeführt, die Kinderarbeit verboten, ebenso die Nachtarbeit und das Recht der Arbeiter formuliert, sich in Arbeitervereinen zu versammeln.

1918 führte Glarus eine kantonale Alters-, Invaliden- und Hinterbliebenen-Versicherung ein, die in der Gesamtschweiz erst in den späten 40er-Jahren verwirklicht worden ist.

Man hat irgendeinmal gesagt, der Schweizer lebe in zwei Welten: der Welt der Tradition, in der das Erbe der Väter lebendig ist, und zugleich in der modernen Welt des Fortschritts, der Technik, einer globalen Ökonomie.
In Glarus hat sich diese moderne Schweizer Wirklichkeit früh entwickelt. Glarus ist auf erstaunliche Weise inmitten des Hochgebirges zum Industriestandort geworden, dessen Produkte schon im 19. Jahrhundert in die ganze Welt geliefert wurden. Es waren dies vor allem gewisse Textilprodukte für den asiatischen und afrikanischen Markt. Man hat von einem Glarner Wirtschaftswunder geredet, wenn man von der florierenden Industrie des 19. Jahrhunderts in Glarus gesprochen hat.

Heute spielt neben der Industrie, die längst nicht mehr eine reine Textilindustrie ist, der Tourismus in Sommer und Winter eine wichtige Rolle. Interessant ist auch zum Beispiel, dass Glarus sehr früh Gastarbeiter ins Land holte, sodass es heute noch Wohngebiete gibt, in denen Italienisch die Umgangssprache ist.

Sucht man indes Zeugnisse der Vergangenheit, so wird man vor allem im Hauptort Glarus enttäuscht. Im Jahre 1864 hat ein gewaltiger Brand, angefacht durch

Öschinensee (Bern)

einen Föhnsturm, fast 600 Häuser eingeäschert. Die frei gewordene Fläche wurde in der Art des Spätbiedermeier neu überbaut und im Zeichen des Wirtschaftswunders mit größeren Gebäuden durchsetzt.

In Näfels allerdings findet der kunsthistorisch Interessierte eine wunderschöne spätbarocke Pfarrkirche und den Freulerpalast aus der Mitte des 17. Jahrhunderts, ein stattlicher Herrensitz aus der Renaissance-Zeit. In diesem Palast ist auch das Museum des Kantons untergebracht mit den Zeugnissen einer frühen Industrie, die zum Teil soziale Wurzeln hat, als nämlich ein Pfarrer den armen Bauern das Baumwollspinnen als eine Möglichkeit des Gelderwerbs beibrachte.

Gleichzeit zeigt der Freulerpalast aber auch, wie ein Bauernfürst wie Caspar Freuler gelebt hat. Sein Geld hatte er in französischen Diensten als Offizier verdient. Hier berühren sich nun die beiden Welten. Mit dem Ende des Reisläufertums fand Glarus in der Industriearbeit eine Möglichkeit des Verdienstes für seine Menschen, während andernorts in der Zentralschweiz auf dasselbe Phänomen mit Resignation reagiert wurde. Es sind allerdings dieselben Kantone, die sich in der Reformationszeit dem neuen Glauben vehement widersetzt haben, während Glarus für die neuen Gedanken durchaus offen war. In Glarus existieren Gemeinden der beiden Konfessionen problemlos nebeneinander. Offenbar besteht ein Zusammenhang zwischen Konfession und ökonomischem Impuls. Die beiden Appenzell werden uns Anlass zu weiteren Gedanken in dieser Richtung geben.

*

Zürich

Um uns Gedanken über Zürich zu machen, möchte ich eigentlich einen Blick auf die typische Speisekarte der Züricher werfen. Sagt man Zürich, dann fällt einem das Geschnetzelte ein, jenes Fleischragout, das aus dünnen Kalbfleischscheiben und ebenso dünn geschnittenen Champignons, Zwiebeln, Wein und Rahm besteht. Manche sagen, damit es ganz und gar echt schmeckt, müsste man noch ein Drittel Kalbsniere beigeben.
Das Gericht ist preiswert. Man muss nicht das beste Kalbfleisch verwenden, ja man könnte es durchaus aus Fleischabschnitten machen. Die Champignons und die Nierle sind geeignet, das Fleisch noch zu strecken. Zusammen mit der Sauce ergibt es ein Gericht, bei dem man mit wenig Aufwand für viele gut kochen kann. Meine Frau kocht es z. B. immer dann, wenn Besuch von mehreren ins Haus steht, zumal es gut schmeckt und etwas her macht.

Röschti wird gemeinhin zu dem Geschnetzelten nach Züricher Art gegessen. Röschti ist ein Glaubensbekenntnis, das von der jeweiligen kochenden Hausfrau abhängt. Mich beschäftigt die Frage, was war eigentlich vor der Röschti? Die Kartoffeln sind ja erst vor knapp 400 Jahren in Amerika entdeckt worden und sie haben bis ins späte 18. Jahrhundert hinein gebraucht, bis sie als Nahrungsmittel akzeptiert wurden. Bekannt ist die Geschichte, mit der Friedrich II. von Preußen, den manche den Großen nennen, seine Leute dazu gebracht hat, Kartoffeln zu essen. Er hatte die Kartoffeln angepflanzt und den Acker rund um die Uhr von Soldaten bewachen lassen. Und schon fanden listige Preußen einen Weg, die Kartoffeln an den Soldaten vorbei zu stehlen. Denn, was so gut bewacht wird, das muss doch was sein, zumindest ist es stehlenswert.
Wie es mit der Einführung der Kartoffel in der Schweiz gegangen ist, weiß ich nicht. Aber bestimmt

gab es Leute, die ebenso geschickt das Kartoffelessen propagiert haben. Vielleicht war es auch nur der Hunger. Vor allem in den schlechten Zeiten zu Beginn des 19. Jahrhunderts, als die langen kalten Winter nicht aufhören wollten, damals, als Europa eine kleine Eiszeit erlebte und der hungernde Bevölkerungsüberschuss nach Amerika ausgewandert wurde. Aber was hat man davor gegessen?
Mais für Polenta gab es auch noch nicht. Grundnahrungsmittel waren Getreidesorten wie Roggen, Weizen, Dinkel und Hafer, aber vor allem Buchweizen und Hirse, die es in unseren Kochbüchern gar nicht mehr gibt, und Erbsen standen auf dem Speiseplan. Getrocknete Erbsen waren jenes Grundnahrungsmittel, aus dem man im Mittelalter Erbsenbrei machte. Bratwurst und Sauerkraut und Erbsenbrei ist der Deutschen Nationalgericht, wird behauptet. Aber aus all dem war keine Röschti zu machen. Sie muss also mit der Einführung der Kartoffel erfunden worden sein.

Was finden wir auf der Speisekarte des alten Zürich noch? Kutteln, wieder ein preiswertes, einfaches Fleischgericht, Fische aus dem See, Gemüsesuppen und dann aber auch anspruchsvollere Gerichte mit viel Fleisch, die sich aber schon von ihrem Titel her als Nahrung für die Reichen und die Mächtigen ausweisen, z. B. der Ratsherrentopf mit seinen verschiedenen Sorten Fleisch, die auf buntem Gemüse serviert werden.

Was auffällt: Da ist kein Luxus, den man doch in einer reichen Stadt wie Zürich erwarten würde, und schon kommt einem in den Sinn, dass Zürich ja auch die Stadt Huldrych Zwinglis war, des Reformators der Schweiz, dessen Sittenwächter auch darauf achteten, dass in den Küchen kein Luxus getrieben wurde. Zwingli machte Zürich zu einer Stadt der Reformation wie Wittenberg, das die Stadt Luthers und Genf, das die Stadt Calvins war.
Die Ethik Zwinglis führte in Zürich auch zum Verbot der Reisläuferei, wie man früher den Kriegsdienst im Sold fremder Heere und Herren nannte. Jahrhundertelang waren die Schweizer beliebte Landsknechte, die sich in den Dienst von jedem stellten, der sie bezahlen konnte. Wie die Schweizer Regimenter Ludwig XV., die beim Kampf für ihren König gegen die französische Revolution in den Tuilerien verbluteten. Eine letzte Erinnerung an das Reislaufen ist die Schweizer Garde des Papstes, in der bis heute junge Schweizer, meist aus den katholischen Kantonen der Zentralschweiz, Dienst tun.

Die Folge des Verbotes der Reisläuferei durch Zwingli war die Notwendigkeit, für die jungen Leute, die nicht unter die Soldaten gehen konnten, Beschäftigung zu finden. Diese Notwendigkeit wurde zum Auslöser der industriellen Entwicklung.

Dabei war das mittelalterliche Zürich schon im 11. Jahrhundert eine der wichtigsten Städte Schwabens. Ja richtig, Schwaben. Denn nur zu oft vergisst man ja, dass bis zum 30-jährigen Krieg die Schweiz noch Teil des Heiligen Römischen Reiches Deutscher Nation war, der sich allerdings langsam aber sicher von diesem gelöst hatte. Das Herzogtum Schwaben der Staufer, also im 12. und 13. Jahrhundert, erstreckte sich bis auf den Alpenkamm und darüber hinaus bis Chiavenna.

Ab 1351 gehörte Zürich zur Eidgenossenschaft, in der es eine führende Rolle spielte, obwohl es kleiner war als Basel, Genf und Bern.
Die Gründe waren wirtschaftlicher Natur.
Das Hochmittelalter brachte Zürich die erste wirtschaftliche Hochblüte. Von Zürich aus wurde erfolgreich Fernhandel mit Wolle, Leinen und Seide getrieben, was damals schon die Stadt neben Ulm zur wohlhabendsten und bestentwickeltsten Stadt Süddeutschlands machte. Noch in der Stauferzeit wurde Zürich zur Reichsstadt. Erst das 15. Jahrhundert bereitete dieser Blüte ein Ende.

Es war Zwingli, der daran schuld war. Ihm ging es nicht nur um die Ausbreitung seiner reformatorischen Lehren, sondern auch um eine Reform der Eidgenossenschaft. Sie sollte von Zürich und Bern beherrscht werden. Aber er hatte mit dieser Idee einer Großmacht Zürich keinen Erfolg, im Gegenteil. Zürich verlor seine Rolle als Fernhandelszentrum. Wohl aber hat sein Verbot der ausländischen Kriegsdienste, was einem Verstopfen des wichtigen Ventils zur Regulierung des Bevölkerungsüberschusses gleichkam, zum Beginn der Industrialisierung und damit zu einer neuen Größe Zürichs geführt.

Flüchtlinge aus Locarno, die in Zürich die religiöse Freiheit suchten, brachten die Seidenverarbeitung wieder nach Zürich. Daraus entwickelten sich dann die Baumwollverarbeitung und die Färberei. Weil es in der Stadt nicht genügend Arbeitskräfte gab, wurden die Bauern der Zürcher Dörfer zu Heimarbeitern.
Im 18. Jahrhundert lebte bereits ein Viertel der Bewohner des Kantons von Spinnerei und Weberei. Diese frühe Industrialisierung des 18. Jahrhunderts wurde zur Grundlage für die Entfaltung des gesellschaftlichen Lebens und einer hohen städtischen Kultur. Und als nach Napoleon und der französischen Revolution die industrielle Revolution begann, war Zürich wieder mit dabei. In Zürich entstanden nicht nur die ersten mechanischen Webereien, sondern auch die ersten Fabriken, die mechanische Spinnmaschinen und Webstühle in Konkurrenz zu englischen Fabriken produzierten. Daraus wurde die Zürcher Maschinenindustrie, einer der Grundpfeiler der Züricher Wirtschaft.

Nach mannigfachen Geburtswehen entstand gleichzeitig die moderne Demokratie, in der jeder, auch der einfache Arbeiter, ein Mitspracherecht hat.

Man kann das zusammenfassen. Nicht die Politik, sondern die Wirtschaft hat Zürich groß gemacht mit dem Ergebnis, dass Zürich der eigentliche Träger des ökonomischen Fortschritts der Schweiz ist und der Siegeszug der modernen Industrie, der sich hier vollzog, hat den Wandel vom Industrie- zum Finanzkapitalismus beschleunigt.
So sind neben der Maschinenindustrie das Bankgeschäft und das Versicherungswesen wichtiger Motor der Zürcher Wirtschaft. Die Zürcher Börse ist eine der maßgebenden Handelsplätze der Welt und die Stadt gehört zu den bedeutendsten internationalen Finanzplätzen überhaupt, deren Bankiers irgendjemand einmal die »Gnomen von Zürich« genannt hat und die ihre Finger nicht nur in vielen weltweiten Finanzgeschäften haben.

In den Zürcher Banken fließt nicht nur der Reichtum der Schweiz zusammen, sondern darüber hinaus ein Großteil ausländischen Kapitals, das die Sicherheit des Schweizer Geldes und die Diskretion des Schweizer Bankgeheimnisses zu schätzen weiß.

Reichtum ist in der Stadt. Fast 11.500 Züricher Vermögensmillionäre versteuerten 1981 ein Vermögen von 36 Milliarden Franken.
Das mag manchen Schweizer skeptisch stimmen, der in Zürich eben nicht nur den Motor der Schweizer Wirtschaft sieht, sondern auch einen Moloch, der die Kräfte der Schweiz ansaugt und immer größer und größer wird. Der schweizerische Sinn für ein vernünftiges Mittelmaß mag daran durchaus Anstoß nehmen.

Hinzu kommt, dass der Zürcher mit einem gesunden Selbstbewusstsein ausgestattet ist. Ist er einerseits offen für alles Neue, das von außen auf ihn zukommt, so tritt er andererseits robust und selbstbewusst auf.
»Weniger dickfällig und daher so viel agiler als der Berner, weniger dünnhäutig zugleich und nicht entfernt so verletzlich wie der Basler, kann er sich ein größeres Maß von Extroversion leisten, als der typische Deutschschweizer ... In den Formen seines Umgangs mutet er eher ruppig als liebenswürdig an, aber selbst dieses Ruppige entspringt bei ihm nicht einer verborgenen

Schüchternheit, wie das bei Schweizern gern der Fall ist, sondern einer kecken Unbekümmertheit ...
Ein Eindruck, den ein grobschlächtiger, jegliche Anmut entbehrender und eigentümlich aggressiv anmutender Dialekt noch unterstreicht und übersteigert« (Fritz Rene Allemann).

Zurückhaltung gehört z.B. nicht zu den besonderen Tugenden des Zürchers. Ungehemmter als andere Schweizer zeigt der Zürcher das, was er hat.
In diesem Zusammenhang fällt mir eine Begegnung in Franz Kellers Schwarzem Adler in Oberbergen ein. Es war ein Sonntagmittag, der Adler war voll. Franz Keller brachte uns an den Stammtisch, an dem bereits ein älteres Ehepaar saß und fragte, ob wir uns dazusetzen dürften. Es war kein Problem. Wir haben uns gut mit den beiden unterhalten. Es waren zwei wirklich charmante und geistreiche Schweizer, von ihrer Kleidung her hätte ich ihn für einen Handwerker oder Beamten gehalten, der eben mit seiner Frau zum Essen ging. Was mich hätte stutzig machen sollen, war die Perlenkette, die die Frau über ihrem einfachen Kleid trug. Als sie mit dem Essen fertig waren, zahlten die beiden, verabschiedeten sich und gingen. Franz Keller kam zu uns und fragte mich: »Weißt du, mit wem du zu Mittag gegessen hast?«
Ich sagte: »Mit einem Herrn Sowieso und seiner Frau, so hat er sich vorgestellt.«
Franz Keller sagte: »Wahrscheinlich mit einem der reichsten Ehepaare der Schweiz. Den beiden gehört die Aktienmehrheit einer der größten Chemiefirmen Basels.«

Das ist wirkliche Schweizer Art, vornehm, bescheiden, nicht auf das achtend, was einer besitzt, sondern das, was er ist. Mit Zürchern wäre mir das nicht passiert.

Was den Ausländer immer wieder überrascht, ist, dass nicht Zürich, sondern Bern die Hauptstadt der Schweiz ist, obwohl immer wieder auf den seltsamen Widerspruch von Bedeutung und Einwohnerzahl hingewiesen wird. Da ist von der »kleinsten Großstadt der Welt« die Rede und der Publizist Hans Waigel nennt Zürich eine »mittelgroße Stadt, die einer Großstadt zum Verwechseln ähnlich sieht«. Dabei hat die Stadt Zürich ein echtes Problem. Seit einigen Jahren nimmt die Einwohnerzahl stetig ab. Sie hatte einmal 440.000 Einwohner. Längst liegt sie bei 300.000. Wo liegt der Grund? Die wohlhabenden Züricher ziehen ins Umland. Man wohnt eben im Grünen. Ganz abgesehen von denen, die mit ihren Millionen in den Kanton Schwyz gehen, um Steuern zu sparen. Aber im Ganzen gesehen, wohnen im Ballungsgebiet Zürich, d. h. alle Vororte und Dörfer mitgerechnet, rund 1 Million Menschen, ca. ein Siebtel der Schweiz. Und sie erarbeiten zusammen ein Viertel des Steueraufkommens der Schweiz.

Nun würde man Zürich sehr unrecht tun, wollte man es auf die reine Ökonomie beschränken. Seit dem 18. Jahrhundert ist die Stadt ein wichtiges Zentrum des deutschsprachigen Geisteslebens. Klopstock, Wieland und Goethe, um nur einige zu nennen, pilgerten nach Zürich, um sich mit den Zürcher Literatur-Päpsten auszutauschen. Gottfried Keller und Konrad Ferdinand Meyer prägten das geistige Leben in Zürich zu Beginn des 19. Jahrhunderts, als Zürich für die deutschen Demokraten zum Fluchtziel wurde. Leute wie unser Badener Revolutionär Hecker retteten sich zunächst einmal nach Zürich.
Was da begann, das setzte sich während des Ersten Weltkriegs fort und erst recht, als in Deutschland nach 1933 die Freiheit des Geistes eingeschränkt wurde. Das Schauspielhaus von Zürich wurde zum wichtigsten deutschsprachigen Theater Europas, wo sich die literarischen und schauspielerischen Größen des deutschsprachigen Raums ein Stelldichein gaben.

Zürich hat Museen und Ausstellungen. Das Rietberg-Museum, das ein deutscher Kaufmann stiftete, oder das Kunsthaus. Kulturelle Ereignisse. Konzerte, Opern, Musicals, Vorträge aller Art.

Da sind zwei Universitäten. Da ist das Schweizer Fernsehen. Da sind bedeutende Zeitungen, die NZZ z.B., die jeder Politiker in Europa zumindest abonniert hat, die Weltwoche. Und natürlich ist da der Flughafen mit seinen Problemen: der Swiss Air, die heute nur noch Swiss heißt und den Anflugrechten, die zwischen der Schweiz und Deutschland strittig sind.

Wir stehen auf dem Bellevueplatz, einem der Verkehrsknotenpunkte der Stadt. Dahinter liegt eine Wiese. Eine Wiese mitten in der Stadt, die »Sechseläuten-Wiese«. Hier wird jedes Jahr im April nach einem farbenprächtigen Umzug eine große Schneemannpuppe, der Böögg, verbrannt und zwar um sechs Uhr abends. Diese Veranstaltung, die »Sechseläuten« heißt, ist eine Art Fasching-Ersatz. Mit der richtigen Fasnacht haben nämlich die Züricher ihre Probleme. Da lässt Zwingli grüßen.
Andererseits sind das Sechseläuten und auch das Knabenschießen ein Teil des Zürcher Wesens, das der Tradition verpflichtet ist und aus dem eben der Zürcher als Schweizer ebenso lebt wie aus dem anderen Teil, der der Moderne gehört.

Am Südende der Wiese steht das Opernhaus. Nachdem das frühere Theater, das in einem ehemaligen Barfüßer-Kloster untergebracht war, durch Brand zerstört worden war, wurde dieses Theater 1890/91 in nur 18 Monaten errichtet. Es sieht aus wie manches Theater in den Städten der Donau-Monarchie. Das ist kein Wunder. Die Wiener Firma, die mit dem Bau beauftragt war, hatte die Pläne für ein Theater in Krakau in der Schublade. Diese wurden dann der Einfachheit halber in Zürich verwirklicht.

Auf der Quai-Brücke sieht man die beiden Gesichter von Zürich. Da ist die ursprüngliche Fluss-Stadt und im Süden die moderne See-Stadt. Auf der rechten Seite stehen die Zwillingstürme des Großmünsters, links die ungleichen Türme vom Fraumünster und St. Peter, Wasserkirche, Rathaus und das ehemalige Hotel Schwert.
Nach Süden beginnt der Zürichsee, der sich 40 km nach Südosten dehnt. Dahinter die Glarner und die Urner Alpen. Mietshäuser am Ost- und Nordufer, Versicherungspaläste am Westufer, Parkanlagen auf beiden Ufern, kilometerweit.

Am rechten Limmatufer führen Stufen zum Fluss. Junge Leute sitzen da in der Sonne. Da ist das Café Select mit seinen künftigen und aktuellen Literaten. Vor dem gotischen Chor der Wasserkirche stützt sich Huldrych Zwingli in Bronze auf sein Schwert.

Wir gehen über die Brücke auf die andere Seite, kommen zum Fraumünster. Die Kirche steht an der Stelle, wo sich ein Stift für adelige Damen befand, mit dessen Leitung König Ludwig der Deutsche 853 seine Tochter Hildegard beauftragte. Zu den Ländereien gehörten Zürich und das Land Uri.
Im romanischen Chor befinden sich Glasgemälde von Marc Chagall. Andere Fenster im nördlichen Querhaus stammen von Augusto Giacometti, dem Künstler aus dem Bergell.

Dann kommen wir zur Bahnhofstraße, der berühmtesten Einkaufsstraße Europas. Sie verbindet seit 1864 anstelle des Fröschengrabens den Bahnhof mit der Post am Paradeplatz. Der Paradeplatz diente früher, wie sein Name sagt, militärischen Übungen. Hier steht der älteste der Zürcher Bankpaläste. Ein traditionsreiches Hotel und eine weltbekannte Konfiserie.

Dann gehen wir über die Bahnhofstraße zum Bahnhof. Der Besucher vom Land ist überwältigt von Pracht und Luxus. Die Bauten dieser Zürcher Einkaufsstraße sind noch keine hundert Jahre alt, gleichwohl ist ein buntes Gemisch von Stilen entstanden. Der Hauptbahnhof gilt den Zürchern als der schönste der Welt. Zürich ist eine schöne Stadt.

Bern

Dass mir Bern gefällt und für mich überhaupt die allerschönste Stadt ist, die ich kenne, das steht schon im Vorwort und das hat nichts damit zu tun, dass Bern der Ferientraum meiner frühen Jugend war. So oft ich inzwischen wieder nach Bern gekommen bin, immer hat es sich mir bestätigt: Ja, dies ist die schönste Stadt. Wenn ich Bern denke, dann blättere ich in den Bildern der Erinnerung. Ich bin im Röseli-Garten und blicke über den Aare-Graben hinüber auf die Altstadt, die sich von der Nydegg-Brücke hinauf zieht. Ich schaue in die Gerechtigkeitsgasse, sehe die behäbigen Bürgerhäuser mit ihren weit vorkragenden Dächern, ich sehe die einheitliche Dachlandschaft der Altstadt, den Turm des Münsters und der Kirchen. Ich stehe auf der Kirchfeldbrücke, vor mir liegt das Panorama des Bundeshauses und der benachbarten Gebäude und Parks. Ich bin in der Kramgasse, promeniere unter den Arkaden, vorbei an kleinen Läden mit verführerischen Angeboten. Ich stehe am Bärengraben, füttere die Braunbären mit Gelben Rüben. Sie machen Männchen und betteln mit den Pfoten. Ich stehe auf dem

Eiger, Mönch und Jungfrau (Bern)

Platz vor dem neuen Bahnhof und der Verkehr der Großstadt rauscht an mir vorbei.
Oder auf dem Parkplatz vor dem Bundeshaus, der sich an Markttagen in ein Paradies der Blumen und der Früchte verwandelt. Links von mir liegt die Nationalbank, wo in einem sieben Stockwerke tiefen Keller das Gold der Schweiz atombombensicher liegt. Und ich stehe schließlich auf der Bundesterrasse und blicke nach Süden. Unter mir fließt die Aare. Im Marzili-Bad liegen schöne Mädchen in der Sonne und in der Ferne stehen Eiger, Mönch und Jungfrau. Oder ich fahre mit der Marzili-Bahn hinunter an die Aare, mit einer Standseilbahn, bei der der obere Wagen mit Abwasser gefüllt wird, sodass er in der Lage ist, den unteren Wagen nach oben zu ziehen und unten fließt das Abwasser wieder ab und die Sache wiederholt sich.

Und all die schönen Häuser, behäbig, wohnlich, intim. Die Brunnen mit ihren eigenartigen Figuren. Der »Kindlifresser« zum Beispiel, bei dem grad noch das Hinterteil eines Buben aus dem Mund schaut, Erziehungshilfsmittel des 16. Jahrhunderts: »Wenn du jetzt nicht brav bist, kommt der Kindlifresser und frisst dich!«
Der Bär in der Rüstung eines Ritters. Der Musikant. Zwölf solcher Brunnen gibt es aus der Mitte des 16. Jahrhunderts, heiter und bunt vor den Fassaden der Häuser, die aus grün-grauem Sandstein gebaut sind. Die Straßenbahn kurvt um die Brunnen herum.

Der Stadtgründer, es war ein Zähringer Herzog, hatte einen guten Blick, als er den Ort für seine Stadt aussuchte. Tief eingeschnitten fließt die Aare um eine Halbinsel herum und bildet so eine natürliche Befestigung der Stadt. Er brauchte nur noch die Landseite mit Mauern befestigen und schon war die Stadt so gut wie uneinnehmbar. Dass es ein Zähringer Herzog war, erfüllt mich, den Freiburger, mit einem gewissen Stolz, denn Freiburg im Breisgau ist ebenso eine Zähringer Gründung wie Offenburg, Villingen, Neuenburg am Rhein, Fribourg, Burgdorf, Murten und Thun. 1191 wurde Bern gegründet. Wenige Jahrzehnte später war die Stadt reichsunmittelbar.
Und dann entwickelte sich Bern geradezu explosionsartig. Obwohl das Städtchen von den damaligen Verkehrswegen etwas abgelegen war, vergrößerte es seinen Machtbereich durch Eroberungen, aber auch durch Käufe. Das begann mit der näheren Umgebung. Die Städte Burgdorf und Thun – ebenfalls Zähringer Gründungen – kamen dazu, das Berner Oberland, dann wurde der Aargau erobert und der spätere Kanton Waadt. Damit hatte Bern seine optimale Ausdehnung erreicht. Aargau und Waadt wurden durch den Franzoseneinfall selbstständige Kantone und gingen Bern wieder verloren.

Seit 1353 gehört Bern zur Eidgenossenschaft. Es gibt Historiker, die meinen, dass der Beitritt zum Bund vor allem verhindern wollte, dass die Freiheitsgedanken der Eidgenossen über den Brünigpass in die bernischen Gebiete des Berner Oberlandes übergriffen, was zu Problemen und Auseinandersetzungen hätte führen müssen. Im Übrigen kümmerte sich Bern nicht zu sehr um die Probleme der Eidgenossen, deren Interessen nach Süden gerichtet waren. Uri, Schwyz und Luzern und wohl auch Unterwalden interessierten sich vor allem für den Verkehr über den Gotthard und darüber hinaus dann in die Leventina, wo sie in Konflikt kamen mit den Interessen Mailands. Das war nicht die Sorge der Berner. Gotthard und Nord-Süd-Verkehr lagen einfach zu weit ab, berührten Bern nicht. Berns Interessen gingen nach Westen, wo Burgund lag. Man könnte geradezu meinen, während die Kantone der Urschweiz am Wein Italiens interessiert waren, war es der Burgunder, der den Bernern gefiel.

Ein engeres Verhältnis hatte Bern zu Zürich, vor allem, nachdem beide Städte nach der Reformation den neuen Glauben übernommen hatten. Gleichwohl gab es einen grundsätzlichen Unterschied. Die herrschenden Familien in Bern verbrachten eigentlich nur den Winter in der Stadt, den Sommer über waren sie auf ihren Landgütern und betrieben Landwirtschaft. Gewerbe und Handel lag ihnen nicht und ein wenig ist dies in Bern bis heute so geblieben. Bern ist heute eine Beamtenstadt.

1848 wurde Bern zur Bundeshauptstadt. Das war gar nicht so selbstverständlich, aber die Nähe zur Sprachgrenze und damit zu den französisch sprechenden Kantonen war letztlich ausschlaggebend bei der Wahl. Durch Berns Eroberungen im französischsprachigen Raum war französischer Geist in die Eidgenossenschaft gekommen und hatte den alemannischen Eidgenossen eine andere Welt eröffnet. Was schließlich die Entwicklung und das Wesen der Schweiz als Ganzes stark beeinflusst hat.

Es sind sympathische Menschen, die Berner. Freundlicher als die Mit-Eidgenossen, dabei von einer gewissen Nüchternheit und Bedächtigkeit, um nicht zu sagen Langsamkeit. Dies drückt sich u.a. in ihrer Sprache aus. Im Gespräch mit einem Berner weiß ich meistens längst, was er sagen will, während er noch länger formuliert. Dabei ist es eine schöne Sprache, das Berndeutsch, der man gerne zuhört. Sie wird nicht nur von den Berner Troubadouren, den Liedermachern, den Nachfolgern Mani Matters liebevoll zelebriert. Tinu Heiniger fällt einem ein und natürlich auch Polo Hofer.

Im Berndeutsch lebt noch das alte »Ihr«, die Anrede der zweiten Person Mehrzahl, ohne in irgendeiner Weise diffamierend zu wirken.
Meine Mutter hat mir erzählt, dass sie und ihre Geschwister mit ihren Eltern, also mit meinen Großeltern, noch per »Ihr« gesprochen haben. Erst als meine Mutter erwachsen war, habe sie ihrer eigenen Mutter das Du vorgeschlagen.
Aber wir befinden uns hier wieder ein wenig in multikulturellen Problemen. Kathrin, der ich einmal die Geschichte vom »Ihr« erzählt habe, war der Auffassung, die Anrede »Ihr« sei grundsätzlich die Anrede für einen untergeordneten Menschen. Offiziere würden einfache Soldaten per »Ihr« anreden. In Bern allerdings, und so habe ich es bei meinen Verwandten gelernt, spricht man jeden fremden Menschen mit »Ihr« an.

Überhaupt die Sprache. Kein anderer Kanton hat eine so reiche Dialekt-Literatur hervorgebracht wie Bern. Für die Berner war der Dialekt schon lange vor der Mundartwelle am Ende des vergangenen Jahrhunderts der legitime Bruder der Hochsprache. So führt auch der große Rat des Kantons mit größter Selbstverständlichkeit seine Verhandlungen auf Bern-Deutsch und ermöglicht den französischsprachigen Teilnehmern durch eine Simultanübersetzung die Teilnahme. Man hat vom Bern-Deutsch gesagt, es sei das kernigste und zugleich das musikalischste aller Schweizer Idiome, dessen Wucht und Zartheit zugleich geradezu danach riefen, durch einen sprachmächtigen Meister wie Gotthelf auf die Höhe der Weltliteratur gehoben zu werden. Auch der Gefahr der Verflachung und Verdünnung durch die Schriftsprache, hat das Bern-Deutsch wirksamer als andere Schweizer Sprachen widerstanden. Mehr noch, das Bern-Deutsch breitet sich in der Schweiz aus. Das liegt z. B. daran, dass aus dem Emmental, aber auch aus dem Berner Mittelland eine regelrechte Wanderungsbewegung über die Kantonsgrenzen hinweg nach Fribourg, Solothurn, in die Waadt und sogar in die Ostschweiz stattfindet. Das ist dort notwendig, wo der väterliche Hof ungeteilt auf den jüngsten Sohn übergeht und die Erstgeborenen sich um die Übernahme aufgelassener Höfe andernorts bemühen.

So stoßen wir noch einmal auf die Landwirtschaft, die Bern geprägt hat und prägt und deswegen muss man auch, um Bern und die Berner verstehen zu können, die Vielfalt der Landschaft im Kanton betrachten. Das Seeland am Bielersee, die alten Städtchen im Mittelland, Landwirtschaft und Industrie im Oberaargau,

das Emmental, wo jeder Einzelhof ein Königreich ist, die bunte Vielfalt des Oberlandes oder z.B. das Haslital, ein uraltes freies Reichsland, das Saanenland, das Simmental, das Frutigtal.
Dass Bern all diese Vielheit bewältigt hat und integriert, das macht seine Leistung in der Schweiz aus.

Was isst man aber in Bern? Für die Dominanz der Landwirtschaft spricht jenes Gericht, das offenbar die Berner Nationalspeise ist: die Berner Platte!
Wädli, Speck und Schinken auf Sauerkraut mit Salzkartoffeln!
Aber auch die umliegenden Landschaften haben ihren Beitrag zur Berner Küche geleistet. Sicherlich das Oberland und ganz bestimmt das Emmental mit seinen Gerichten, die einen an Schlaraffenland denken lassen: Flädlisuppe und Schweins- und Rindsbraten, Pouletschenkel und Kartoffelstock und zum guten Schluss eine Meringue mit einem Berg Schlagrahm.

*

Luzern

»Du musst«, sagte Marcel, »in Luzern unbedingt das Gasthaus ›zum wilden Mann‹ besuchen und ›Chugelipastete‹ essen.«
Also habe ich mich, sobald ich in Luzern ankam, auf den Weg zum ›wilden Mann‹ gemacht. Es traf sich gut, es war ohnehin Zeit zu einem rechten Mittagessen. Von meinem Hotel aus kam ich ohne Problem an die Reuß, die am Bahnhofsplatz den Vierwaldstätter See verlässt, und ging auf dem linken Ufer reußabwärts. Da war die Kapellbrücke, jenes Wahrzeichen von Luzern, um 1300 gebaut, die älteste Holzbrücke Europas, und lockte mich, wenigstens ein Foto von ihr zu machen. Sie war einmal gebaut worden nicht nur, um die Reuß zu überqueren, sondern auch zur Abwehr von Feinden, die vom See her in die Stadt eindringen wollten. Rätselhaft blieb mir allerdings, warum sie die Reuß diagonal überquert und nicht auf dem kürzesten direkten Weg. Aber vielleicht war das ein Geheimnis mittelalterlicher Verteidigungstechnik.

Ein paar Schritte weiter und ich war an der Jesuitenkirche, deren Fassade ich von der Kapellbrücke her bereits gesehen hatte, mit ihren Stufen zum Fluss voll venezianischem Reiz. Es ist der erste große Kirchenbau der Schweiz zwischen Renaissance und Barock. Nach wenigen Schritten hatte ich den ›wilden Mann‹ erreicht.

Ich verlangte Wein aus der Umgebung und erhielt einen bemerkenswert guten Müller-Thurgau von den Hängen der Stadt. Die ›Chugelipastete‹ erwies sich als eine überdimensionale Blätterteigpastete, gefüllt mit Fleischragout und kleinen Kügelchen aus Hackfleisch. Dazu gab es in einer kleinen Sauciere warme Rosinen in Wein, die man mit dem Fleisch vermischte. Nach dem Rezept müssten Rosinen und Wein mit dem Fleischragout zusammen gekocht werden, aber die Erfahrung hat wohl den Wirt des ›wilden Mannes‹ gelehrt, die Rosinen vom Fleisch getrennt anzubieten, denn süße Fleischspeisen sind nicht jedermanns Sache.

Vom ›wilden Mann‹ ging ich dann über die Spreuerbrücke, die offenbar ähnliche Verteidigungsaufgaben hatte wie die Kapellbrücke, hinüber in die Altstadt. Auf dreieckigen Bildtafeln unter dem Brückendach führt ein Totentanz dem Menschen seine Vergänglichkeit vor Augen.

Etwas hatte mir mein Freund Marcel noch ans Herz gelegt. »Bevor du Luzern verlässt, geh doch einmal auf die Nordseite der Musegg-Mauer.«
In der Tat, der kurze Weg hat sich gelohnt. Auf der Nordseite reichen Wiesen und unbebautes Land an diese alte Luzerner Stadtmauer heran. Es war ein wenig wie ein Zeitreisen-Effekt: So lag im Mittelalter eine Stadt in der Landschaft.
Da kommt mir in den Sinn, dass 1291, just im gleichen Jahr, in dem die Urner, Schwyzer und Unterwaldner ihren Bündniseid geschworen haben, König Rudolf von Habsburg die Stadt Luzern als wichtigen Etappenort am neu eröffneten Gotthardweg gekauft hat. Natürlich war es interessant, den Hafen in die Hand zu bekommen, von dem aus die Schiffe mit ihren Waren über den Vierwaldstätter See zum Ausgangspunkt der Gotthardstraße fuhren, um von dort wieder mit Importwaren aus dem Süden, Wein vor allem, Seide, Reis zurückzukehren.
Der Zoll, den man dabei erheben konnte, war natürlich eine sichere, regelmäßige Einnahme. Rudolf von Habsburg indes nutzte Luzern zunächst einmal, um durch Blockade der Schifffahrt den Gotthardweg selber zu blockieren und damit die Eidgenossen in die Knie zu zwingen. Sperrte er den Hafen, so nützten die schönsten Freiheitsbriefe den Urnern, den Schwyzern und den Unterwaldnern nichts. Der Handel, der eben über den neuen Handelsweg in Gang gekommen war, musste sich wieder auf seine alten Wege besinnen. Das gefiel den Luzernern so wenig wie den Eidgenossen und nach dem Tod von Rudolf von Habsburg schloss sich Luzern 1332 als erste Stadt dem Ewigen Bund an. Nun beherrschten die Eidgenossen auch die Schifffahrt auf dem Vierwaldstätter See.

Luzern wurde für die Eidgenossenschaft ein wichtiger Vorort, der vor allem dann in Aktion trat, wenn es galt, die Eidgenossenschaft von den Einflüssen der großen Kantone frei zu halten. Luzern seinerseits begann über den Gotthardweg ein lebhaftes Verhältnis mit Oberitalien aufzubauen, dessen Folgen bis heute in der Architektur von Luzern zu sehen sind. Die jungen Leute von Luzern gingen an die Universitäten von Pavia und Bologna, um dort zu studieren, und Luzern begann einen recht südlichen Charakter anzunehmen.

Fremde Beobachter stellten bereits im 17. und 18. Jahrhundert fest, dass die Bevölkerung von Luzern weit weniger Gewerbefleiß an den Tag legte, als etwa die Bevölkerung von Zürich: Einfluss südlicher Lebensart!

Bis ins 19. Jahrhundert blieb Luzern ein reiner Stadtstaat. Die Luzern gehörenden Gebiete bis weit ins Mittelland hinein wurden als reine Untertanengebiete behandelt. Sie versuchten zwar immer wieder zu rebellieren, um wenigstens Mitspracherechte durchzusetzen, aber Erfolg hatten sie keinen.
Die Folge ist, dass diese Gebiete bis heute einen stärkeren bäuerlichen Charakter haben als manche Gebirgsgegenden der Schweiz.

Handwerker- und Bürgerfamilien von Luzern haben ein Herrschaftssystem entwickelt, innerhalb dessen sie sich immer patriarchalischer aufführten. Es heißt, sie hätten eine Oligarchie aufgebaut, zu deutsch eine Herrschaft einer kleinen Minderheit, die unter sich die Ämter im Staat aufteilte. Wer zu der herrschenden Gruppe gehörte, hatte sich meist auch ein Vermögen in fremden Kriegsdiensten erworben.

Der Reformation leistete Luzern Widerstand und bildet deshalb bis heute den katholischen Vorort der Schweiz.

Ich schlendere durch die Altstadtstraßen, vorbei am Rathaus, wo ich ein weiteres Beispiel italienischer Architektur zu sehen bekomme. Aber es war nicht nur die italienische Architektur, die das südländische Flair von Luzern ausmachte und die gemächlichere Lebensart, Kaufleute aus lombardischen Städten ließen sich ihrerseits in Luzern nieder und brachten italienische Leichtigkeit an das Nordufer des Vierwaldstätter Sees. Man hat immer wieder den Lebensstil der Luzerner mit dem Adjektiv »lässig« charakterisiert. Da ist nichts von dem bürgerlichen Puritanertum Zürichs. Nichts von der nüchternen Strenge Berns. Hier herrscht barocke Lebensart, unbekümmert, genussfreudig bis zur Leichtlebigkeit, sinnenfroh und heiter.
Das drückt sich auch in der gepflegten Theaterkultur Luzerns aus.
Und in der Fasnacht!
Bei der St. Peter-Kirche fällt mir in einer Nebenstraße ein Haus auf, das mit bunten Fresken eine moderne Narrenszene darstellt. Es ist das Fritschi-Haus, so belehrt mich ein Luzerner und klärt mich gleich auch über den Fritschi auf, eine Figur der Tradition, die den alt gewordenen Winter symbolisiert.
Am schmutzigen Donnerstag findet in Luzern ein traditioneller Umzug statt, in dessen Mittelpunkt der Fritschi mit Fritschifrau und Fritschikind steht. Am Montag nach dem Fasnachtssonntag, dem Güdismontag, folgt dann ein »moderner« Umzug, der sich mit seinen parodistischen und karikierenden Anspielungen auf politische Ereignisse und Personen in nichts von den Fasnachtsumzügen hierzulande unterscheidet:
Es ist der »Weyumzug«, so genannt nach der Fasnachtszunft aus dem Stadtteil Wey. Eine wichtige Rolle spielen dabei die Guggenmusiken, von denen es in Luzern mehrere Dutzend gibt.
Die Luzerner Fasnacht ist ein großes Fest und jeder Einwohner lässt sich gerne von der Ausgelassenheit und dem Frohsinn mitreißen. Auch die weniger Glücklichen sollen diese Freude spüren und so heißt das Motto der Safran-Zunft: Freude der Jugend, Liebe dem Alter, Hilfe den Armen! Sie besuchen soziale Einrichtungen wie Kinder- und Altersheime, ja sogar einzelne Kranke und Einsame.

Ehe die moderne Industrie in Luzern Einzug hielt, wachte der Sinn für das Kommerzielle im Luzern des 19. Jahrhunderts auf: der Fremdenverkehr, der offenbar in der Besonderheit von Luzern einen sehr geeigneten Nährboden fand. Die Mischung von kleinstädtischer und vornehmer Art und die Eleganz des Auftretens machte die Luzerner zu glänzenden Gastgebern. So ist der Tourismus bis heute das Rückgrat der Luzerner Ökonomie. Dabei haben sich die Luzerner keinesfalls darum gerissen, ihr Geld in Tourismus zu investieren. Es waren Fremde, die die Hotels in und um Luzern gebaut haben. Aber es gelingt Luzern und den Luzernern, die Gäste, die einmal da waren, zum regelmäßigen Kommen zu bewegen. Da sind z. B. die Luzerner Musikfestwochen im Sommer, bei denen kein Mensch mehr daran denkt, dass sie einmal zur Nazi-Zeit als Ersatz für Salzburg eingerichtet wurden. Längst sind sie Tradition.

Luzerner Fremdenverkehrsdirektoren sind voller Einfälle. Beispielhaft der Direktor, der die Neigung des Luzerner Wetters zum Regnen als Werbung in den trockenen arabischen Emiraten verwendete: Bei uns erleben Sie garantiert Regen!

Die Industrialisierung kam in Luzern relativ spät. Erst nach dem Zweiten Weltkrieg erreichte sie hier Innerschweizer Bedeutung und noch immer bildet die Industriezone einen schmalen Gürtel im Umfeld der Stadt Luzern. Es sind vor allem Vorstadtgemeinden, die der Industrie den notwendigen Raum für Ansiedelungen geboten haben. Und so nimmt auch in Luzern die Bevölkerung der Kernstadt ab, während der Bal-

lungsraum Luzern wächst. Nur ist es in Luzern im Gegensatz zu Zürich die arbeitende Bevölkerung, die in die Vorortgemeinden zieht. Und zwar um kürzere Wege zur Arbeit zu haben.
Trotzdem, wenn man auf der Autobahn nach Norden Luzern passiert hat und den Industrievorort Emmen, beginnt noch immer übergangslos das reine Bauernland, das sich bis an die Grenze des Aargau hinzieht.

Über die Kapellbrücke kehre ich zu meinem Hotel zurück. Was ich mir bei diesem Besuch in Luzern schenke, ist das Verkehrshaus der Schweiz, in dem ich sonst immer vorbeischaue. Das Verkehrshaus ist das schweizerische Museum mit den höchsten Besucherzahlen. Zu sehen sind Transportmittel aller Art. Vom Schiff bis zur Lokomotive, vom Automobil bis zur Rakete und zur Raumkapsel.

Was ich aber dieses Mal unternehme, ist eine Fahrt mit der Drahtseilbahn hinauf auf den Luzerner Hausberg, den Pilatus. Ein aufregender Rundblick belohnt mich. Eindrucksvoll Luzern und der See mit der Rigi. Auf der anderen Seite kann man von der Besucherterrasse die Berge des Berner Oberlandes sehen, in einer irritierenden Perspektive Eiger, Mönch und Jungfrau und die ganze Kette bis zur Blümlisalp.

Es ist noch früh im Jahr. Die Zahnradbahn, die von der anderen Seite des Berges den Pilatus erklimmt, ist noch nicht im Betrieb. So muss ich mir die Rundreise schenken, die sonst möglich ist: mit der Seilbahn hinauf und mit der Zahnradbahn wieder hinunter.

Ehe ich Luzern verlasse und Richtung Gotthard weiterfahre, esse ich in einem kleinen Gasthaus am See Felchen nach Luzerner Art, nicht weit von jenem Landhaus Tribschen entfernt, wo Richard Wagner seine Cosima mit dem Siegfried-Idyll überraschte.

*

Basel

Als Freiburger hat man ein eigentümlich nachbarliches Verhältnis zu Basel. Die 65 km auf der Autobahn fährt man trotz Beschränkung auf 120 km in weniger als 60 Minuten. Basel liegt durchaus im Bereich eines Sonntagnachmittags zum Kaffeetrinken, ein Theaterbesuch am Abend ist kein Problem, einschließlich einem geruhsamen Abendessen und der »Zolli«, der Basler Zoo, ist ein Ort, wo man mit seinen Kindern gern und oft hingeht. Und der Besuch der Basler Fasnacht ist geradezu ein Muss.
In gewisser Weise ist Basel noch gar nicht Schweiz. In Basel redet man fast dasselbe Alemannisch wie zwischen Lörrach und Freiburg, im Markgräfler Land. Wenn wir in eben dieses Markgräfler Land zum Essen fahren – man isst gut da, im Umfeld von Badenweiler, von Neuenburg und Kandern –, trifft man auf mehr Basler als Markgräfler, was halt auch mit dem Wechselkurs des Euro zusammenhängt, der dem Basler das Schlemmen in Binzen oder Feldberg preiswert macht.

Und wenn es nicht sozusagen eine Währungsgrenze gäbe, zwischen Euro und Schweizer Franken, so würde Basel noch selbstverständlicher einfach dazu gehören: Das Bewusstsein, in der Regio Basiliensis zu leben, dem Land am Dreiländereck zwischen Colmar einerseits, Freiburg auf der anderen Seite und Basel, ist schon recht selbstverständlich. Man wandert die Regio-Wanderwege, fährt die entsprechenden Radwege und begegnet sich auf den Volksfesten rechts und links des Rheins. Manches ist zwar schon einfacher zwischen Elsass und Baden, aber die Basler gehören ganz selbstverständlich trotzdem dazu. Ist nicht auch unser größter alemannischer Dichter, Johann Peter Hebel, in Basel auf die Welt gekommen?

Wenn man nach Basel kommt, ob mit dem Zug oder mit dem Auto, kommt man zuerst zum Badischen Bahnhof.

Noch so ein Stück Gemeinsamkeit, sogar frühe Gemeinsamkeit. Als die badische Staatsbahn von Karlsruhe her Basel erreichte, da haben die Badener das Gebiet des Badischen Bahnhofs von den Baslern für mindestens 100 Jahre gepachtet, sodass der Badische Bahnhof bis heute eine Insel in der Stadt Basel bildet, wo man ohne Zollformalitäten umsteigen kann in die Züge ins Wiesental und wo z. B. heutzutage Euro-Gebiet ist. Vom Badischen Bahnhof geht es dann stadteinwärts an der Mustermesse vorbei, wo die Wirtschaft der Schweiz ihr jährliches Schaufenster hat und sich Europa und der Welt präsentiert: Die Maschinen, die Uhren, den Schmuck, die Nahrungsmittel, den Wein, all das halt, was die Schweiz so vorzuzeigen hat.

Viele Jahre hatte Kathrin einen Stand mit ihren Konfitüren, Kräuterölen und -essigen, den Salametti, dem Käse aus dem Verzascatal, dem Honig und dem Grappa, den ein alter Bauer speziell für Kathrin brennt. In jener Zeit machte es mir Vergnügen, der Kathrin ein Wochenende lang an ihrem Stand zu helfen und mit ihr in einer selbst verordneten Pause ein Cüpli, ein Gläschen Sekt, trinken zu gehen; einen St. Galler Ratsherrenschüblig zu essen, das war der Höhepunkt. Die ganze Mustermesse, in der es drunter und drüber ging, tausende von Besuchern, interessante Stände: die Mustermesse, die MUBA, ist ein Basler, was sag ich, ein Schweizer Ereignis. Natürlich ist die MUBA deswegen in der Stadt Basel, weil Basel eine so günstige Verkehrssituation hat. Die Züge aus Deutschland und aus Frankreich enden in Basel. Die Stadt hat einen Flugplatz, er liegt auf französischem Gebiet, den Basel mit Mülhausen gemeinsam nutzt. Er hat Anschluss nach ganz Europa. Basel ist vor allem auch aus der ganzen Schweiz ohne Probleme erreichbar. Man könnte sogar sagen, alle Züge und Straßen führen nach Basel.
Nicht zu vergessen, dass Basel auch eine Hafenstadt ist. Jedenfalls hat Basel den einzigen größeren Hafen der Schweiz. Er ist durch den Rhein mit Rotterdam verbunden und ein Drittel aller Importwaren kommen über ihn in die Schweiz.

Von der Mustermesse geht man durch Kleinbasel, vorbei an interessanten Gaststätten (z. B. Walliser Spezialitäten) zur so genannten mittleren Rheinbrücke. Diese mittlere Rheinbrücke war seit dem 13. Jahrhundert die einzige Brücke über den Rhein zwischen Konstanz und dem Meer. Ich bin sicher, dass viele Leser jetzt irritiert innehalten und sich fragen: »Wie aber kam man in der ganzen Zeit des Mittelalters von Ufer zu Ufer, etwa aus dem Badischen nach Straßburg?« Es waren Fähren, die die Übergänge besorgten, Waren und Passagiere von einem Ufer zum anderen brachten. Der Rhein war noch nicht kanalisiert. Infolgedessen floss er gemächlich, übrigens so gemächlich, dass man z. B. von Mainz nach Basel durchaus mit einem Segelschiff fahren konnte, ohne andere Hilfsmittel als nur dem Segel und dem Wind. Das machte die Arbeit für die Fährmänner einfach. Und wer wissen will, wie so eine Fähre betrieben wurde und funktioniert, der findet ein paar hundert Meter oberhalb der mittleren Rheinbrücke eine Fähre, die heute noch ihren Dienst tut.
Der Erbauer der Brücke war übrigens der Bischof Heinrich von Thun. Bei all seinen theologischen Tätigkeiten war sicher keine so bedeutend wie der Bau dieser Brücke.
Auf der jenseitigen Seite der Brücke liegt das ganze Panorama von Basel vor einem, mit dem wunderschönen Münster, das ein heiliger Kaiser mit seiner ebenso heiligen Frau gebaut hat, Heinrich II. und Kunigunde, dieselben, die auch den Bamberger Dom errichten ließen. So gibt es vor dem Basler Münster so etwas wie eine Vorstudie des berühmten Bamberger Reiters.
Aber noch stehen wir an der Brücke. Am jenseitigen Brückenkopf steht das Hotel Drei Könige, dort hat zu Beginn des letzten Jahrhunderts Theodor Hertzl bei einem Kongress der Zionisten den Staat Israel gegründet.

Gerade diagonal gegenüber, auf unserer Seite des Rheins liegt das Café »Spitz«, ein wunderschöner Biedermeier-Bau, wo ich gerne einkehre und einen Kaffee trinke. Dicht dabei führt eine kleine Straße parallel zum Rhein nach Osten. Einerseits stehen die Rückseiten von Hotels an dieser Straße, die sich zum Rhein hin öffnen, andererseits wirken die niedrigen Häuser etwas düster. Ich war einmal mit Kathrin hier und sie hat gesagt, ihre Mutter hätte es nicht geduldet, dass sie auch nur durch diese Straße ging. Sie muss sich nicht nach den Wünschen ihrer Mutter gerichtet haben, denn sie hat mir gleichwohl ein kleines Beizle gezeigt, wo wir zwar ganz einfach, aber kolossal deftig und schmackhaft zu Mittag gegessen haben. Es gab Saures Leberle und Bratkartoffeln. Waisch wie!

Die Fortsetzung der Straße auf der anderen Seite führt zu einem Hotel, das etwas im Verborgenen liegt und das nun wieder ich kannte: Der »Rote Ochsen«. Das Besondere war seine traditionelle Mahagoni-Bar, die »Red-Ox-Bar«. Hier saß ich einmal mit einem lieben Tessiner Freund einen ganzen Abend lang. Ein Pianist spielte Schlagermusik der frühen 40er-Jahre und wir erzählten uns Geschichten aus dem Krieg, so wie wir ihn erlebt hatten. Wir hatten beide nicht mehr Soldat sein müssen. Er als Schweizer war in Italien zum Studium. Ihm war in Venedig eine schrecklich tragische Geschichte passiert mit einer jungen schönen Frau und deren Mann, dem man seine Männlichkeit weggeschossen hatte. Ich erzählte die Geschichte von dem BDM-Mädchen, das sterben musste, weil wir Menschen Feiglinge sind und auf die Meinung von anderen hören. Dann fingen wir an uns auszumalen, wie der Pianist im Krieg hierher in die Red-Ox-Bar gekommen sein könnte, auf der Flucht vor den Nazis z.B., aus Wien, ein junger Musikstudent und wie er dann hängen geblieben ist in dieser Bar, die zur Geschichte seines Lebens wurde, wie in den Jahren 43 und 44 zwielichtige Gestalten sich hier trafen, Männer in schwarzen Ledermänteln, unterschiedlicher Herkunft, die die unterschiedlichsten Geschäfte miteinander machten, Informationen gegen Geld, Geld für Fluchtmöglichkeiten, Zigaretten und Schokolade und Bohnenkaffee und Nylons gegen Geld und weiß Gott was. Und er spielte ›Lili Marlen‹ und ›Sentimental Journey‹ und ›Time goes by‹ und ›Es geht alles vorüber‹.

Ein Stück rheinabwärts liegen die Reste des Klosters Klingental. Was davon noch intakt ist, ist Museum. Die Stadt Basel veranstaltet in dem altehrwürdigen Haus ihre Empfänge. Hier haben wir uns meistens am ersten Abend der Sitzungen der Europäischen Rundfunkunion getroffen: Die Kollegen aus dem Vereinigten Königreich, aus Frankreich, aus den Niederlanden, aus Schweden und natürlich aus der Schweiz, halt aus ganz Europa, so weit es der Eurovision angehört.

Einen wunderbaren Schweizer Wein gab es und Sekt nach Champagnerart und kleine Häppchen. Die Stadt Basel war Gastgeber, hat uns begrüßt, willkommen geheißen.

Ja und dann gehen wir über die Brücke.
Rheinabwärts sieht man das, was Basel reich gemacht hat, die großen Fabriken der Chemie. Es waren ursprünglich junge französische Unternehmer, die der französischen Gesetzgebung nach Basel auswichen. Aber dann war es Basler Kapital, das Firmen wie Hoffmann-La Roche und Ciba-Geigy und Sandoz zur Weltgeltung gebracht hat. Inzwischen tragen sie neue Namen, Aventis und Novartis, und sind drauf und dran mit ihren Forschungsabteilungen nach den USA auszuwandern, weil kleinliches Denken und Abschottung nach außen den Zuzug junger Wissenschaftler mit neuen Ideen in die Schweiz erschweren.

Überhaupt die Abgrenzung. Sie gehört wie nirgends sonst in der Schweiz zur Eigenart Basels. Bei aller Offenheit gegenüber den Fremden, die auch nirgends so groß ist wie in Basel, ist Basel sozusagen der Schild der Schweiz gegen das Andersartige von Norden. Wäre das nicht so, wäre Basel und damit das Tor in die Schweiz, längst von Deutschland her assimiliert. Diese abgrenzende, beschützende Kraft geht vor allem vom so genannten »Daig« aus, der vornehmen Oberschicht alteingesessener Baslerfamilien. In deren geschlossenen Kreis einzudringen, ist einem Außenstehenden unmöglich. Man hat gesagt, die Angehörigen des »Daig« hätten viel mit der englischen Oberschicht gemeinsam und das beginne bereits bei der Sprache. In der Tat unterscheidet sich der vornehme Basler mit seiner Sprache von dem gemeinen Beppi, wie sich der Basler nennt, und seine besondere Sprache ist genauso gestelzt und hat die gleiche etwas herablassende Sprachmelodie wie das Oxford-English der Upperten. Ein grenzenloses Selbstbewusstsein spricht daraus.

Und auch sonst haben die Angehörigen des Daig so ihre Eigenart.
Generationenlang wird das Vermögen der alteingesessenen Familien vermehrt und es gilt als unanständig, auch nur die Zinsen zu verbrauchen.
Hinzukommt eine bis zur Manie getriebene Sparsamkeit, die sich vor allem auf den eigenen Aufwand und den eigenen Lebensstil bezieht, während man für wohltätige Zwecke durchaus eine offene Hand hat. Aber dies ist nur die eine Seite der reichen Basler. Die andere ist eine großzügige Förderung von Kunst und Wissenschaft. So hat z. B. der Förderverein der Universität Basel eine regelrechte Einkommenssteuer erfunden, die gemäß der Größe der Vermögen gestaffelt eine entsprechende freiwillige Förderung der Universität verlangt. Das Basler Kammerorchester zum weiteren Beispiel wurde über eine lange Zeit von einer einzigen Familie finanziert.

Basel ist überhaupt eine Stadt der Wissenschaft und der Kunst.
Im Jahr 1501, als die Stadt dem Bund der Eidgenossen beitrat, gab es in Basel bereits 58 Druckpressen, wurden die Werke der griechischen und römischen Antike gedruckt und damit der Gelehrtenwelt zugänglich gemacht. Zahllos sind die großen Namen, die es nach Basel zog. Ob das nun Erasmus von Rotterdam war oder Paracelsus, der Maler Konrad Witz oder sein späterer Kollege Hans Holbein d.J. oder noch später Arnold Böcklin, der Historiker Jacob Burckardt, der Theologe Karl Barth, Nietzsche, aber auch Karl Jaspers. Sie fühlten sich in Basel wohl und trugen zum Ruhm Basels bei.

Ehe die Chemie die Basler Wirtschaft bestimmte, war es die Seidenband-Weberei, die seit dem 18. Jahrhundert Basel reich machte. Sie musste dann der Chemie weichen. Ein waches Basler Unternehmertum hatte frühzeitig erkannt, dass die Zukunft nicht der Seide, sondern der Chemie, vor allem der Farbstoff-Chemie und der Pharmazie gehörte.

Inzwischen bin ich weitergegangen. Am Münsterberg stehen mittelalterliche Häuser. Eines ist so klein, dass auf mehreren Stockwerken jeweils nur ein Raum neben der Treppe Platz hat. Ein Schreibmeister wohnt und arbeitet hier. Ich war einmal bei ihm zu Gast, im zweiten Stock fand sich schließlich ein Platz, wo wir beide sitzen und uns besprechen konnten. Auch das ist Basel, die Pflege der Tradition.

Auf dem Marktplatz vor dem Rathaus, das wenigstens zum Teil aus den ersten Jahren des 16. Jahrhunderts stammt, als Basel eben der Eidgenossenschaft beigetreten war, findet morgens ein bunter Markt statt. Blumen, Früchte und Gemüse schenken dem Platz einen Hauch von Süden.
Ich kenne und liebe die Basler Innenstadt vor allem in der Vorweihnachtszeit, wenn der Abend kommt und die weihnachtlichen Lichter angeschaltet sind. Am schönsten ist es, wenn es ein klein wenig schneit und ein Hauch von Weiß auf den Dächern liegt. Am Markt-

platz stehen Maroniverkäufer und es riecht nach den heißen Kastanien und nach den Waffeln, die ein Bäcker backt.

Ein paar Schritte vom Marktplatz entfernt ist das ganze Jahr Weihnachten. Da hat sich ein großes Geschäft auf alles spezialisiert, was mit Weihnachten zu tun hat. Da gibt es den allerschönsten Schmuck für den Weihnachtsbaum und unvorstellbar herrlichen Tand aller Art. Selbst das Weiße Haus in Washington gehört zu den Kunden der Firma Wanner.

Auf dem Basler Marktplatz bin ich schon manches Mal gestanden, um mir das anzuschauen, was die Basler »di drey scheenschte Dääg im Basler Joohr« bezeichnen: die Fasnacht, an der meistens über 10.000 Basler aktiv teilnehmen, womit sie wohl der größte Brauch der ganzen Schweiz ist. Vorbereitet wird die Fasnacht jeweils kurz nachdem die Fasnacht des Vorjahres zu Ende ist, spätestens jedoch nach den Sommerferien. Jetzt heißt es üben auf den Piccolo-Flöten und den Trommeln, wobei bis vier Wochen vor der Fasnacht nicht auf wirklichen Trommeln gespielt wird, sondern auf den »Beggle«, hölzernen Böcklein. Das ganzjährige Trommeln wäre vermutlich nicht auszuhalten. Im Herbst werden dann die Sujets festgelegt. Es gibt ein Gesamtthema der Fasnacht und eben die Sujets, die Einzelaspekte behandeln. Die gilt es jetzt zu besprechen und ihre Durchführung zu vergeben. Jetzt heißt es die Kostüme nähen, Larven herstellen, die Laternen malen, die da sind Holzgestelle, mit Leinwand überzogen und durch Lampen von innen beleuchtet, die Sujets sind darauf dargestellt, und die Dichter der Stadt beginnen mit dem Niederschreiben der »Zeedel«, dem dazugehörigen Text.
Das ganze Jahr über trifft sich die Clique immer wieder, nicht nur zu den Musikproben, sondern auch, um das jeweilige Sujet immer wieder zu begutachten und zu besprechen. In den letzten Wochen müssen auch die Musikanten das Spielen während des Gehens proben. Das lässt sich nun nicht mehr im Keller erledigen und mit dem Holzbeggle, sondern das wird in einem nahe gelegenen Wald mit echten Trommeln und den Piccolos geübt.
Dann kommt der große Tag. Es ist der Montag acht Tage nach der eigentlichen Fasnacht, genannt »die alte Fasnacht«. Drum heißt es bei uns im Schwarzwald von einem der zu spät kommt: er komme wie die alte Fasnet. Auch Bauernfasnacht wird sie genannt. Sie wird auch in den vor allem evangelischen Gemeinden der Markgrafschaft gefeiert. Man hat ihren Ursprung als eine Provokation der katholischen Gemeinden durch die evangelischen sehen wollen, aber dies ist sicherlich falsch. Der Hintergrund ist in der Tat, dass die Bauern, also das gemeine Volk, weniger lang fasten mussten als die Herren. Der Unterschied von vier bzw. fünf Tagen zeigt sich im Unterschied zwischen der so genannten Herrenfasnacht und der Bauernfasnacht.

Es ist also Montagmorgen. Um 4.00 Uhr erlöschen die Lichter in der Stadt und dann »schloots am Mändig vieri«. Glockenschlag vier Uhr setzen sich die Cliquen und die kleineren Gruppen, die die Basler »Schyssdrägg-Ziigli« nennen, in Bewegung, meist vom Stammlokal aus: Der Morgestraich beginnt. Die Trommler, Pfeifer und der so genannte Vortrab tragen jetzt noch Charivari, d. h. individuelle Kostüme und Masken. Sie tragen die Laternen, die in der völlig verdunkelten Stadt die einzigen Lichter sind. So ziehen die Gruppen durch das Stadtzentrum, um sich schließlich mit Mehlsuppe und Zwiebel- bzw. Käsewähe zu stärken.
Dann gehen viele der Zuschauer und der Aktiven an ihre Arbeit oder soweit sie nicht arbeiten müssen, nochmals ins Bett, um sich für den Nachmittag auszuruhen.

Am Nachmittag gehen die Cliquen, die so genannten Waggiswagen und die Guggemuusige auf die »Route«. Die Cliquen tragen jetzt die auf das Sujet abgestimmten Kostüme und Masken. Es werden die gedruckten

Zeedel mit den Texten verteilt. Von den Wagen werden Orangen ins Publikum geworfen, Blumen oder ganz einfach Konfetti, der in Basel Räppli heißt. Jede Gruppe bildet einen eigenen Zug und nimmt einen eigenen Weg, den sie allein bestimmt.

Wenn es Nacht wird, treten in den Wirtschaften Schnitzelbänkler auf, indessen ziehen Cliquen und Einzelne durch die Gassen der Innenstadt, gefolgt von mehr oder weniger vielen Anhängern: das »Gässle«. Manche meinen, dieses Gässle sei der schönste und romantischste Teil der Basler Fastnacht:
»Da hast du ein schönes Mädchen am Arm und ziehst mit ihm gemächlich einem Pfeifer und einer Trommel nach, ab und zu küsst du sie und sagst ihr schöne Sachen gar nicht so leise, denn die Trommel übertönt euer Liebesgespräch. Wenn ihr an eine der kleinen Beizen kommt, nehmt ihr ein Gläslein roten Wein und irgendetwas Nahrhaftes und zieht dann weiter, eurem Trommler und seinem Pfeifer nach. Irgendwann in einem Gedränge wirst du dein Mädchen verlieren und kennst doch nicht einmal seinen Namen… «

Der Dienstag, früher fasnachtsfrei, wird immer mehr zum Tag der Kinder und der kleinen Gruppen. Am Abend spielen die Guggenmuusigen in den Hauptgassen des Zentrums. Am Mittwoch wird – ohne den Morgestraich allerdings – der Montag wiederholt. Offiziell dauert die Fasnacht bis am anderen Morgen um vier.

*

Baselland

Der Fremde nimmt mit einem gewissen Erstaunen zur Kenntnis, dass Basel nur ein Halbkanton ist, d. h. im Schweizer Ständerat, der politischen Vertretung der Kantone beim Bund, hat Basel nur eine Stimme, während ein Normalkanton – und wäre er noch so klein – von zwei Vertretern repräsentiert wird.
Die zweite Basler Stimme aber gehört dem Halbkanton Baselland mit der Hauptstadt Liestal. Das heißt, wenn man auf der Autobahn Richtung Zürich fährt, dann hat man Basel verlassen, kaum dass man es betreten hat. Aber davor schon Muttenz und die Industrieanlagen der Basler Chemie, deren Namen von der Autobahn aus groß zu lesen sind, stehen ebenfalls bereits in Baselland. Augst mit seiner viel besuchten Autobahn-Raststätte ebenfalls. Um es noch deutlicher zu sagen, Basel als Stadt und Halbkanton ist vom Raum her der kleinste Kanton der Schweiz überhaupt. Das wirkt sich mehr als problematisch aus, weil Basel sein Kantonsgebiet fast völlig ausgeschöpft hat und weiteren Zuzüglern keinen Raum zum Wohnen mehr geben kann, geschweige denn den Raumbedarf der Industrie befriedigen.

Viele Stadt-Basler bewohnen bereits Gemeinden in Baselland und in Solothurn, das ebenfalls an Basel grenzt. Dazu kommen viele tausend Bewohner von Baselland, die täglich in die Stadt pendeln müssen, von den Lörrachern, Wiesentälern und Markgräflern gar nicht zu reden. Und dann stellt man erstaunt fest, dass sich die beiden Kantone Baselland und -Stadt erst 1833 getrennt haben. Das ging so: Die Gemeinden außerhalb der eigentlichen Stadt Basel verlangten in der neuen Verfassung des Kantons gleichberechtigtes Mitspracherecht, so wie das auch das Umland von Bern und Zürich verlangt und erhalten hatte.

Ich möchte die Schilderung dessen, was sich nun abspielte, ganz kurz halten, obwohl es baseltypisch ist.

Basel fürchtete von seinen Gemeinden majorisiert zu werden und verweigerte das Mitspracherecht wenigstens in der verlangten umfassenden Form. Die sich nun abspielende Auseinandersetzung wurde sogar blutig geführt. Aber zum Schluss haben die Basler reagiert wie beleidigte Jungfrauen. Sie haben erklärt, wir brauchen euch, ihr Gemeinden des Umlands, gar nicht, wir können ohne euch sein und zogen sich bildhaft in ihre Mauern zurück, um ihr eigenes wirtschaftlich so segensreiches Leben zu führen. Die Bewohner des Umlands waren nun gezwungen, sich in einem eigenen Kanton zu organisieren. So ist Baselland entstanden. Niemand war glücklich darüber und seit 1938 und länger gibt es Bemühungen, die Trennung wieder rückgängig zu machen, was bisher nicht gelungen ist. Inzwischen arbeiten aber die beiden Halbkantone bei der Lösung gemeinsamer konkreter Probleme ganz gut zusammen.
Interessant ist, dass die Bewohner von Baselland ein Schweizerdeutsch sprechen, das sich bei weitem nicht so stark wie das Baslerdeutsch von der Sprache der übrigen Eidgenossenschaft unterscheidet. So kann es durchaus einem Basler passieren, dass er in der Innerschweiz auf eine Frage eine mühsame hochdeutsche Antwort bekommt, weil man ihn für einen Bundesdeutschen hält, was einem Bewohner bereits von Muttenz, das völlig mit Baselstadt zusammen gewachsen ist, nie widerfahren kann.

*

Solothurn

Auch im Kanton Solothurn ist es eigentlich die Stadt, die den Kanton bestimmt. Diese Stadt Solothurn ist eine sehr alte Ansiedlung der Helvetier, wenn auch ihr Alter nicht so hoch ist, wie der Stadtschreiber und Chronist Franz Haffner im Jahr 1666 zu berechnen versuchte. Er kam für die Gründung auf das Jahr 3127 v. Chr. und wies stolz darauf hin, dass Solothurn damit 1376 Jahre bestanden hätte, »vor und ehe die mächtige Stadt Rom fundirt ware«.
Ganz gewiss hat es zur römischen Zeit eine Befestigung gegeben, die den Übergang über die Aare beschützte und eine ganze Reihe Solothurner Häuser der Altstadt stehen heute noch auf römischen Fundamenten. Genauso wie das älteste Bauwerk Solothurns, der Rote Turm. Dabei hatten die keltischen Solothurner im Jahr 58 v. Chr. ihre Ansiedlung dem Erdboden gleich gemacht und waren mit Kind und Kegel aufgebrochen, wie die übrigen keltischen Bewohner der Schweiz, um sich in wärmeren Gegenden niederzulassen. Womit sie nicht gerechnet hatten, war, dass den Römern eine solche Unordnung in ihrem Reich nicht passte. So wurden sie von Cäsar wieder heimgeschickt und lebten von da an als römische Untertanen. Sie hatten das Glück, zwei römische Soldaten der thebäischen Legion, Märtyrer für ihre christliche Religion, als Stadtheilige in Solothurn zu haben und überstanden so einigermaßen die Stürme der Völkerwanderung.

Die Solothurner schlossen sich im Mittelalter eng an die Berner an und versuchten wie die Berner, ihr Einflussgebiet durch das Aufkaufen von Ländereien aussterbender Adelsgeschlechter zu vergrößern. Dies gelang auch, soweit sie dabei nicht Berner Interessen in die Wege kamen, mit der Folge, dass ein recht zusammengestückeltes Kantonsgebiet entstand, das sich bis an die Grenzen von Basel, von Aargau und von Frankreich erstreckt, sein Hauptgewicht aber im heute stark industrialisierten Aaretal hat.

In den Burgunder-Kriegen war Solothurn der Verbündete Berns. Den Landgewinn hatten die Berner, die Solothurner bekamen die erbeuteten Fahnen. Aber wegen ihrer Waffenbrüderschaft mit den Bernern wurden die Solothurner in die Eidgenossenschaft aufgenommen.
Von seiner Lage her ist der Kanton Solothurn französischem Einfluss geöffnet. So spielt Solothurn eine Vermittlerrolle zwischen dem deutsch-schweizerischen und romanischen Teil der Schweiz. Diese besondere Situation Solothurns hat der französische König dadurch noch gefördert, dass Solothurn von 1530 bis 1793 der Sitz des französischen Botschafters bei der alten Eidgenossenschaft war. Gleichzeitig erhielt die Staatskasse Solothurns auch reiche Unterstützungen aus Paris. Die Anwesenheit des französischen Botschafters bedeutete aber für Solothurn, dass es fast so etwas wie die heimliche Hauptstadt war, die es in der alten Eidgenossenschaft, vor 1848, ja nicht gab. Denn Bern wurde erst 1848 zur Hauptstadt. Die Franzosen haben Solothurn dazu bewogen, zwischen 1667 und 1737 zum Schutz gegen das mächtige Bern insgesamt elf Befestigungswerke zu errichten. Die haben ungeheuer viel Geld gekostet (französisches Geld), kamen aber nie zum Einsatz, worüber die Solothurner sicherlich nicht unglücklich waren.

Der Solothurner Stadtkern andererseits ist einer der besterhaltensten und schönsten der ganzen Schweiz. Er ist reiner Barock. Die Kathedrale ist die erste klassizistische Kirche der Schweiz und insofern der perfekt passende i-Punkt auf dem barocken Stadtbild.
Man spürt französischen Geist. Der Einfluss des französischen Botschafters wirkte offenbar lange nach. Außerdem ist die französische Sprachgrenze nahe. Das katholische Solothurn unterscheidet sich ähnlich wie Luzern, aber mit anderem Akzent, durch seine Leichtigkeit von der Schwere eidgenössischer Lebensweisen. Solothurn ist sozusagen das Bindeglied zwischen Deutschschweizer und romanischer Lebensart.

In jedem Jahr findet in Solothurn das viel beachtete Festival des Dokumentar-Films statt, sozusagen als Pendant zum Spielfilm-Festival von Locarno.

Man kann gespannt sein, was man in Solothurn, sozusagen zwischen Schweiz und Frankreich isst. Ein Rezept aus Solothurn, das ich gefunden habe, heißt Solothurner Leberspieße mit Bohnen. Hier das Rezept für 4 Personen:

Solothurner Leberspieße mit Bohnen

200 g gedörrte Bohnen, 1 Zwiebel (fein gehackt), 100 g Speck (Streifen), 20 g Butter, 1 TL Bohnenkraut, 1 Knoblauchzehe (gepresst), 1 TL Mehl, 200 ml Fleischbrühe, 500 g Kalbsleber (lange, dünne Plätzchen), 16 frische Salbeiblätter, 16 Speckscheiben, 3 EL Öl, 30 g Butter, Salz, Pfeffer aus der Mühle

Die Bohnen über Nacht im kalten Wasser einweichen. Einweichwasser abgießen. Die Bohnen in leichtem Salzwasser 25 Minuten kochen. Zwiebel und Speckstreifen in der Butter andünsten. Bohnen, Bohnenkraut und Knoblauch beigeben. Mehl darüber stäuben, Fleischbrühe dazu gießen. Weitere 25 bis 30 Minuten köcheln lassen. Mit Salz und Pfeffer würzen.

Kalbsleber-Plätzchen jeweils mit einem Salbeiblatt belegen und aufrollen. Die Speckscheiben einzeln aufrollen. Je 4 Kalbsleber- und 4 Speckröllchen abwechselnd auf Holzspieße stecken. In der heißen Öl-Butter-Mischung braten, soweit notwendig mit Salz und Pfeffer würzen.
Auf den Bohnen anrichten. Dazu passen gekochte Kartoffeln.

Aargau

Bei der Darstellung aller Kantone auf unserer bisherigen Reise durch die Schweiz, haben wir gerne bei der Betrachtung der Vergangenheit angefangen. Sei es in einer fernen keltischen Vergangenheit, sei es bei den Römern, die vom Gebiet der heutigen Schweiz aus ihre Macht nach Norden getragen haben und die beherrschten Gebiete Germaniens von hier aus verwaltet, aber auch versorgt haben. Das gelingt einem beim Aargau nicht, wenigstens nicht für den Kanton Aargau als Ganzes. Denn er existiert erst seit 200 Jahren: das Werk Napoleons zunächst. Ja aber davor?

Das Land, das man das Wassertor der Schweiz genannt hat, weil hier die Ströme der Schweiz – die Aare, die Reuß, die Limmat – sich mit dem Rhein vereinigen, war auch das Kernland Habsburgs. Hier steht bis heute ihre Ursprungsburg, die Habsburg. Als im 15. Jahrhundert die Eidgenossenschaft sich hinreichend stark gegenüber Habsburg fühlte, haben sie dieses Land besetzt. Zunächst einmal haben sich Kantone wie Bern, Luzern und Zürich, die an dieses Gebiet grenzten, gebietsmäßig vergrößert. Der übrige Bereich aber, vorher habsburgisch verwaltet, wurde jetzt eidgenössischen Vögten unterstellt. Und so blieb es, bis Napoleon die Kantone der Schweiz neu ordnete. Die Mediation. Da entstand der neue Kanton Aargau, der dann später als Kanton der neuen Eidgenossenschaft 1848 zum Bestandteil der modernen Schweiz wurde. So hat der Aargau keine Geschichte. Was den Urkantonen an Historischem anhängt, das genau fehlt dem Aargau.

Während der Aargauer Kanton keine Geschichte hat, haben seine Gemeinden und Städte sehr wohl eine Geschichte, die unterschiedlich ist, genauso wie die Gemeinden reformiert und katholisch sind. So heißt es in einer Proklamation von 1803 der gesamtaargauischen Regierung: »Unser Kanton besteht nicht wie so viele andere aus einem Volke, das seit Jahrhunderten zusammenlebte und durch das alte Band der Gewohnheit an das gleiche Schicksal gebunden war. Er ist aus Bewohnern von Gegenden zusammengesetzt, die, wenngleich unweit voneinander gelegen, in Religion und Sitten, in Gesetzen und Gebräuchen, in Grundsätzen und Meinungen von einander verschieden waren und die sich nun auf einmal durch eine höhere Leitung miteinander vereinigt sehen.«

Das Volk hat am Entstehen des neuen Kantons nur wenig Anteil gehabt, zum Teil hat es den neuen Kanton abgelehnt. Bauern, die unter bernischer Hoheit gestanden haben, wollten viel lieber zu Bern zurückkehren. Die Stadt Baden z. B. zog es nach Zürich. Rheinfelden wollte nach Basel und das so genannte Freiamt zu den Kantonen der Innerschweiz.

Ein Hauptproblem des neuen Kantons war zunächst das Fehlen eines städtischen Zentrums mit der Ausstrahlung einer Hauptstadt. Der Aargau ist zwar die Region der Kleinstädte, aber keine von ihnen besitzt die notwendige Strahlkraft. So wird in Aarau, der Hauptstadt, bestenfalls so etwas gesehen wie der Primus inter Pares. Baden, das das Flair einer Bäderstadt mit der Weltoffenheit des Verwaltungszentrums moderner Großindustrie vereinigt, schaut gern ein wenig mit Verachtung und Neid auf Aarau. Baden fühlt sich als Motor des Kantons, aber neben Baden tritt ein Ort wie Wettingen hervor und ein zweiter namens Spreitenbach, mit Hochhäusern und Einkaufszentren. Baden, Wettingen und Spreitenbach hängen inzwischen eng mit Zürich zusammen, sie sind durch einen wohl strukturierten Nahverkehr mit der Großstadt verbunden.
Insgesamt kann man sagen, dass der Aargau seit dem 19. Jahrhundert ein Motor der Schweizer Wirtschaft bildet. Der Aargau ist, übrigens wie Solothurn, überzogen mit einem Netz industrieller Zentren, das gerade

in Zeiten der Krise von wirtschaftlichem Bestand ist. Hinzu kommt noch, dass die Aargauer Arbeiter, wie in Baden-Württemberg, neben ihrem eigenen Häuschen meist noch ein Stück Acker besitzen und eine Freizeitlandwirtschaft betreiben, die ihnen ein gutes Stück Krisenfestigkeit verleiht.

Abstieg vom Gemmipass nach Leukerbad (Wallis)

St. Gallen

Mit unserer Reise durch die Kantone der Schweiz kommen wir nun in die Nordost-Region. Ein merkwürdig geformter Kanton fällt uns beim Betrachten der Schweizerkarte auf. Der Kanton St. Gallen hat die Form eines Ringes. Das will für ein staatliches Gebilde schon merkwürdig erscheinen. Ringförmig. Und wenn man dann noch bedenkt, dass dieser Ring einen zweiten Kanton umgibt, ja sogar einen dritten, dann wird die Künstlichkeit der Sache klar. In Appenzell, dessen beide Halbkantone von St. Gallen umschlossen werden, pflegt man zu sagen: »St. Gallen ist wie ein Kuhfladen, indem ein Fünfliber (ein Fünffrankenstück) liegt«. Wobei es klar ist, dass der Fünfliber nichts anderes als Appenzell meint.
Folgende Bezirke gehören zum Teil überraschenderweise zu St. Gallen: natürlich St.Gallen, die Stadt und das Umland, Rorschach am Bodensee, das Unterrheintal, das Oberrheintal, Werdenberg, Sarganser Land und Walensee, Gaster, See, die drei Bezirke von Toggenburg, Wil und Gossau.
Im Ganzen ein Ring.
Wie beim Aargau handelt es sich bei St. Gallen halt nicht um ein in der Geschichte gewachsenes Land, sondern um das Produkt einer intellektuellen Überlegung. In diesem Fall war es ebenfalls Napoleon, der nach der Besetzung durch die Truppen der französischen Revolution sich die Gestalt des merkwürdigen Kantons ausgedacht hat. Er hat dabei sozusagen die Reste vieler kleiner Herrschaften und Gebiete vereinigt. Der größte und wichtigste davon war St. Gallen, die Stadt St. Gallen mit ihren Herrschaftsgebieten.
Nun kann man sich bei St. Gallen fragen, wie kommt eine Stadt in diesem entlegenen Landesteil überhaupt zustande? Wenn sie im Rheintal liegen würde oder am Bodensee, wäre das kein Problem, aber in diesem entlegenen Hochtal!
In diesem Fall war es ein Mönch, der irische Mönch Gallus, der 612 in der Einsamkeit der entlegenen Wäl-

der eine Einsiedelei baute. Er war mit dem hl. Kolumban über das Meer gekommen, um in der germanischen Wildnis zu missionieren. Als der hl. Kolumban weiterzog, über die Alpen nach Italien, sei Gallus krank gewesen und habe zurückbleiben müssen. Er habe sich einen abgelegenen Ort gesucht in den einsamen Wäldern. Man erzählt, ein wilder Bär hätte ihm Holz gebracht und sei dafür mit Brot entlohnt worden. 200 Jahre später war an der Stelle ein Benediktiner-Kloster entstanden und man erkennt durchaus Parallelen zu Einsiedeln. In weiteren 300 Jahren entwickelte sich das Kloster St. Gallen zu einem Geisteszentrum von europäischem Rang.

Die Handschriften und reichen Bücher des Klosters sind bis heute vorhanden und sind die Schätze der Stiftsbibliothek von St. Gallen, die ihrerseits seit dem

Stiftsbibliothek St. Gallen

18. Jahrhundert in einem Bibliotheksgebäude von reinem Rokoko untergebracht ist. Ein Kulturgut ersten Ranges.

Etwas Besonderes dieser besonderen Bibliothek ist der Klosterplan von 820, der in beispielhafter Weise zeigt, wie ein Benediktiner-Kloster des ersten Jahrtausends idealerweise ausgesehen hat.

Natürlich beschränkte sich die Tätigkeit des Klosters nicht nur auf das Abschreiben von Büchern, sondern St. Gallen war für einige Jahrhunderte der Ort, wo die Söhne der Herrschenden Europas zur Schule gingen.

Die Äbte hatten sehr schnell Probleme mit der Stadt, die rund um das Kloster entstand und sich mit wachsendem Wohlstand rasch vom Kloster und dessen Einfluss freimachte. In der Zeit der Reformation wurden die Bürger aus purem Trotz und Protest evangelisch. Das ging so weit, dass eine Mauer Mönche und Bürger trennen musste. Trotzdem hatte das Kloster im 17. und 18. Jahrhundert noch einmal eine Blüte, während der das alte Kloster abgerissen und neue Gebäude im neuen Baustil errichtet wurden. Wunderschön nicht nur die Bibliothek, sondern auch die Klosterkirche, die nach dem Aufheben des Klosters in der Säkularisation zur Hauptkirche für die katholische Kantonsbevölkerung wurde.

Im 15. Jahrhundert hatte sich die Bürgerschaft von St. Gallen der Eidgenossenschaft (1454) angeschlossen. Nach der Reformation begann die Stadt ein reges wirtschaftliches Leben zu führen. Das heißt, sie baute einen Leinwandhandel auf, der weite Teile Mitteleuropas zur Kundschaft hatte. Selbst in Krakau handelte man mit Leinen aus St. Gallen.

Als nun der Handel mit Leinen von Baumwolle verdrängt wurde, setzten die St. Galler Tuchhändler auf diese. Wie andernorts waren es hugenottische Flüchtlinge aus Frankreich, die das Know-how dieses Handels mitbrachten.

Dann kam noch einmal etwas Neues: die Stickerei-Industrie. Durch sie wurde St. Gallen ab dem 19. Jahrhundert zum Wirtschaftszentrum der Ostschweiz. Einen regelrechten Boom erlebte St. Gallen um die Wende zum 20. Jahrhundert, als Stickereiwaren an der Spitze der schweizerischen Ausfuhren standen und jeder zweite Bewohner von St. Gallen mit Sticken zu tun hatte, sei es in Produktion, sei es im Handel. Zwischen 80.000 und 100.000 Heimarbeiter, nicht allein in St. Gallen, sondern vor allem auch im Appenzell, sollen in diesen Zeiten der Hochkonjunktur Arbeit und Brot durch die Stickerei gefunden haben. Aber die Mode, Spitzen zu verwenden, erwies sich wie alle Mode als trügerisch. Nach dem Ersten Weltkrieg brach der Markt ein. Niemand wollte mehr Spitzen haben. Es war eine regelrechte Katastrophe, die St. Gallen erleben musste. Fast ein Sechstel der Bevölkerung verließ zwischen 1920 und 1940 die Stadt, suchte anderswo Arbeit und Brot.
Die St. Galler Wirtschaft hat sich mit der Zeit wieder erholt. Längst kann man sogar im bescheidenen Maß wieder Spitzen verkaufen, aber entscheidend war der Einzug neuer Industrien, die die St. Galler Wirtschaft krisenfest gemacht haben.

In St. Gallen gibt es heute eine jährliche Messe für ostschweizerische land- und milchwirtschaftliche Erzeugnisse (OLMA).

Eine Hochschule für Wirtschaft, Recht und Sozialwissenschaften ist entstanden, die europaweit einen guten Ruf hat.

Das Besondere an der Innenstadt von St. Gallen sind die typischen Erker, die – von der Gotik bis zum Jugendstil, aus Holz oder Mauerwerk, ein oder mehrstöckig – die sonst eher nüchternen Häuser der Stadt schmücken.

Im Kontrast zu den engen Gassen steht die Weite und Stille des Klosterplatzes mit der eleganten Rokoko-Fassade der Stiftskirche, die ein Teil vom Ensemble der Klostergebäude ist, die heute zum Teil als Schule, aber auch als Verwaltungsgebäude des Kantons genutzt werden. Es entstand so einer der größten Plätze der Schweiz.

Auf die einmalige Schönheit der Stiftsbibliothek haben wir schon hingewiesen. Die Klosterkirche ist mit ihrem Stuck und ihrer Malerei ein rauschendes Fest der Sinne zu Ehren Gottes.

*

Appenzell

Es war mein Freund Marcel, der mich das erste Mal nach Appenzell geschickt hat.
»Das ist ein Land wie aus der Spielzeugschachtel, so schön. Und wenn du meinst, die Schweiz zu kennen und kennst Appenzell nicht, dann ist das ein Irrtum.«
Es hat zwei Anläufe gebraucht: Beim ersten Mal – es war mitten im Winter – hat mich der Straßenzustand am vereinbarten Tag geschreckt: Schnee und Eis. Und meine Straßenkarte zeigte Appenzell, den gleichnamigen Hauptort, doch etwas entlegen in den Bergen. Ich hab mich entschuldigt. Was mein Gesprächspartner in Appenzell von mir dachte, hat er mir bis heute – wir sind inzwischen Freunde – nicht gesagt. Wahrscheinlich hält er mich für ängstlich, womit er Recht hat. Schließlich bin ich zweimal bei glatter Straße mit meinem Auto verunglückt.
Beim zweiten Mal hat es geklappt. Ich bin an einem strahlenden Frühlingstag nach Appenzell gefahren. Nicht wie sonst, wenn wir in die Schweiz fahren, über die Rheintalautobahn, über Basel und den Jura sondern über den Schwarzwald, die Bodenseeautobahn hinunter und über Singen, Schaffhausen, Winterthur. Schweizer Bodenseeautobahn bis Gossau und dann auf der Landstraße durchs Appenzeller Land bis Appenzell.
Und der erste Eindruck kurz hinter Herisau bestätigte: Das ist wirklich ein Land wie vom Modellschreiner. Bauernhöfe, alle gleich, wenn man von der Farbe absieht. Der Wohnteil im rechten Winkel zu Stall und Scheune. Und diese Höfe gleichmäßig über eine Landschaft verteilt, die an England denken lässt: So viel grüner Rasen, scheinbar gepflegt wie ein Golfplatz. Und sie haben keine Gärten. Nicht einmal Blumen, geschweige denn Gemüse.
Wenn man hier wohnt, muss man sehr selbstbewusst sein. Und das sind die Appenzeller. Ihr Wille zur Unabhängigkeit, zur Freiheit, ihr unbezähmbarer Eigenwil-

le drückt sich in dem unbeschränkten Wohnen auf eigenem Grund und Boden aus.
Andererseits vermittelt einem die dichte Streuung der Höfe in der Landschaft den Eindruck, dass wohl eine optimale Nutzung des verfügbaren Lebensraumes erreicht ist. Und dies ist in der Tat so. Appenzell hatte bereits in einer Zeit vor Industrialisierung und moderner Medizin seine frühe Bevölkerungsexplosion, die aus Appenzell die dichtest bevölkerte Region der Schweiz, ja sogar Europas machte. Während im industrialisierten Außerrhoden inzwischen ein Bevölkerungsrückgang eingetreten ist, kommen im landwirtschaftlichen Innerrhoden immer noch vier bis fünf Kinder pro Familie auf die Welt.

Der Hauptort Appenzell, ein Dorf mit einem Schuss Stadt. Die Hauptgasse mit ihren behäbigen Häusern zwischen Kirche und Landsgemeindeplatz. Der ist ein weites Rechteck. Hier entscheidet einmal im Jahr der Souverän, das Volk, über die Angelegenheiten des Staates. Das ist ein feierlicher Akt. Ich habe eines Tages dabei sein dürfen als Gast. An einem letzten Sonntag im April. Mich hat das sehr beeindruckt.

Im Hof der Kanzlei hat sich die Standeskommission, die Regierung, von Appenzell Innerrhoden versammelt:
- der Landammann, der Regierungschef, der auch das Volkswirtschaftsdepartement betreut
- der stillstehende Landammann, sozusagen der Landammann in Reserve, der Vertreter, zuständig für das Erziehungsdepartement,
- der Säckelmeister, der Finanzminister,
- der Landesfähndrich, der Innenminister,
- der Landeshauptmann, der Landwirtschaftsminister,
- der Bauherr, der Chef des Bauressorts

Über dem Arm trugen sie ihre weiten Radmäntel, sozusagen die Dienstroben. Dann waren da noch Gäste, damals die Standeskommission des anderen Halbkantons, die Regierung von Appenzell Außerrhoden. Ein Professor von der Hochschule St. Gallen. Er hatte für Appenzell Innerrhoden wichtige Verfassungsfragen ausgearbeitet und ich.
Ich war dabei, weil ich einen Fernsehfilm über Appenzell Innerrhoden gemacht hatte, aber das ist schon eine andere Geschichte. Und da bekam ich diese Einladung als Dank. Welch großzügige Geste.
Eine Blaskapelle spielte und geleitete uns hinüber in die Kirche zum Gottesdienst. Eindrucksvoll, feierlich. Ein Männerchor sang das Landsgemeindelied der Appenzeller zu Ehren der Gäste aus Außerrhoden und den Schweizer Psalm für die Innerrhodner.
Nach dem Gottesdienst trafen sich die beiden Regierungen im Rathaus von Appenzell und dann ging es hinüber in den großen Saal des Hotels Krone zum Wurstessen: die Landsgemeinde-Wurst, eine überdimensional große Weißwurst mit Kartoffelsalat.

Dann ist es soweit. Die Akteure sind gestärkt. Der Zug zum Landsgemeindeplatz formiert sich. Voraus die Weibel, die Trommel, die Fahne, dann die Standeskommission von Appenzell Innerrhoden, die Herren tragen jetzt die weiten Mäntel, drei Bundesräte aus Bern sind gekommen und gehen als Gäste mit: Ruth Metzler, die im vergangenen Jahr noch Säckelmeisterin, Finanzministerin von Appenzell Innerrhoden war, Moritz Leuenberger, der Verkehrsminister, der gern nach Appenzell Innerrhoden kommt, wie er sagt, weil es hier weder Tunnel noch verstopfte Autobahnen gibt, Bundesrat Koller, der Appenzeller ist und nach dem Ausscheiden aus dem Bundesamt hierher zurückkommen will, um hier in Appenzell sein drittes Alter zu verbringen. Dann folgen die Gäste, die Standeskommission von Appenzell Außerrhoden mit Frau Landammann an der Spitze und schließlich der Professor aus St. Gallen und ich.

Zur Musik der Kapelle bewegt sich der Zug durch die

Hauptgasse zum Landsgemeindeplatz, in jenem merkwürdig gravitätischen Schritt, der offenbar ein Erbe der Landsknechte ist und in dem heute noch die Legion Etrangère paradiert. Die Hauptgasse ist von Zuschauern gesäumt, die offenbar zu dem Ereignis »Landesgemeinde in Appenzell« von weit her gekommen sind. Der Zug erreicht den Platz, der voll ist von Menschen. Die Männer haben einen Säbel oder wenigstens ein Seitengewehr dabei. Dies gilt als Ausweis ihrer Wahlberechtigung, die Frauen, die seit einem Machtwort des Bundesgerichts gegen den Willen der Appenzeller Landsgemeinde dabei sind, müssen einen Berechtigungsschein mit sich führen. Der wird an den Zugängen zum Landsgemeindeplatz streng kontrolliert.
Die Standeskommission besteigt das Podest, auf der die Minister während des ganzen Staatsaktes stehen, für die Gäste ist eine eigene Tribüne aufgebaut, auf der wir sitzen können. Dann nimmt die Landsgemeinde als Legislative von Appenzell Innerrhoden ihren Verlauf. Appenzell Außerrhoden hat die Landsgemeinde abgeschafft. Man hat argumentiert, dass es nicht jedermanns Sache sei, seine Meinung vor der gesamten Bevölkerung des Staates vorzutragen und dass es für ein demokratisches Mehr zu ungenau sei, wenn man die Zahl der Hände, die bei den Abstimmungen erhoben werden, schätzt.
In Innerrhoden werden die Gesetzesvorlagen von den Interessenverbänden, von Arbeitgebern wie Arbeitnehmern, von Kirchen und Vereinen aller Art vordiskutiert. Jedenfalls sind die Leute von Appenzell Innerrhoden entschlossen, auch im neuen Jahrtausend ihre Form offener Demokratie weiterzuführen. Schließlich ist Appenzell-Innerrhoden »das bei weitem konservativste Staatswesen der Schweiz«. Dies nicht im parteipolitischen Sinn, sondern was die »Erhaltung des Überlieferten und die Bindung an Werk und Sitte der Väter« betrifft.

Was bedeutet aber die Bezeichnung »Außerrhoden« und »Innerrhoden«? Zunächst einmal werden die beiden Halbkantone damit unterschieden. Die »Rhoden« waren Organe der Selbstverwaltung, die in der Zeit, als Appenzell zur Herrschaft des Abtes von St. Gallen gehörte, entstanden sind. Die Rhoden haben sich später zu Familienverbänden entwickelt, deren Zugehörigkeit etwa mit der Zugehörigkeit zu Korporationsgemeinden vergleichbar ist. Die Zugehörigkeit wird vererbt. Einen anderen Zugang gibt es nicht. In der Zeit der Abt-Herrschaft waren die Rhoden geografisch zuordenbar: Innerrhoden und Außerrhoden.
Als aus dem Kanton zwei Halbkantone wurden, hat man unterschieden: die inneren Rhoden und die äußeren.
Die beiden Halbkantone, in vieler Hinsicht wie eineiige Zwillinge, unterscheiden sich gleichwohl auch sonst. Die Außerrhodner haben in der Reformationszeit den neuen Glauben angenommen, die Innerrhodner sind bis heute treue Glieder der katholischen Kirche geblieben, ohne allerdings die Frömmigkeit zu übertreiben. Innerrhoden besteht fast zu 100% aus Bauern, während Außerrhoden stark industrialisiert ist. Die Folge: die jungen Leute von Innerrhoden, die in der heimischen Landwirtschaft keine Beschäftigung finden, gehen nach Außerrhoden zur Arbeit.

Dabei verzeichnen beide Appenzell, auch das scheinbar so fruchtbare Innerrhoden, eine deutliche Abwanderung. Verglichen mit 1910 hatte Innerrhoden 1980 um 1/8 weniger Bevölkerung, in Außerrhoden betrug der Schwund sogar ein 1/6. Deutlich fällt die Überalterung ins Auge, während andererseits die so genannte »Überfremdung«, nämlich der Anteil an Ausländern, in Appenzell mit die geringste Rolle spielt in der ganzen Schweiz.

Bemerkenswert ist das Bewahren der alten Bräuche: Ich habe im Mai einen Alpaufzug begleiten können. Voraus der Geißenbub, keine zehn Jahre alt. Gekleidet wie ein Senn nur mit kurzen Hosen. Er gibt mit seinen Schritten das Tempo des ganzen Zuges an. Dann folgen die schneeweißen Geißen, die Appenzeller

Geißen, die von einem Mädchen, wenig älter als 10 Jahre, zusammengehalten werden. Dahinter kommt ein Senn, der den so genannten Fahreimer über die Schulter trägt, ein hölzerner Eimer, dessen Boden die Jahreszahl des Alpaufzugs trägt und das bunte Bild eines Alpaufzuges. Gemalt von einem der berühmten naiven Bauernmalern Appenzells. Der Senn trägt ein weißes Sennenhemd mit Dreiviertelärmeln, auf der Brust ist es bestickt, der feste Kragen mit der vergoldeten Silberbrosche ist auf das kragenlose Hemd gesteckt, darüber das rotbunte »Brusttuch«, eine rote ärmellose Weste, er trägt gelbe hirschlederne Kniehosen, die Hosenträger sind schwarz mit hellen Messingbeschlägen, die weißen gestrickten Kniestrümpfe sind unter dem Knie, über der Kniehose mit schwarzen Lederriemen befestigt, seine schwarzen Halbschuhe haben silberne Schnallen. Um den Bauch trägt er ein rotbraunes dreieckiges Sennentuch, dessen einer Zipfel auf der linken Seite herunterhängt. Am rechten Hosenträger ist eine silberne Uhrenkette befestigt mit silbernen Münzen, alten Maria-Theresia-Talern. Auf dem Kopf hat er einen runden Sennenhut aus Filz oder Samt, der mit Blumen und bunten Bändern geschmückt ist. Im rechten Ohr trägt er einen Ohrring, an dem mit einem Goldkettchen eine goldene »Rahmschuefflе« befestigt ist.
Hinter ihm kommen drei stattliche Kühe. Sie tragen an bunt bestickten Riemen und Messing beschlagen die so genannten Fahrschellen, drei große tonlich aufeinander abgestimmte Glocken, die das Sennentum des Bauern symbolisieren.
Dann kommen vier weitere Sennen, von denen nur noch der eine gelbe Kniehosen trägt, die anderen drei braune, lange Wolllatzhosen. Sie tragen auch die Uhrkette, vom rechten zum linken Hosenträger, wie eine Girlande über dem Bauch, im Übrigen sind sie genau gleich gekleidet, wie die beiden Sennen in der gelben Kniehose.
Dann folgen die Kühe, den Schluss bildet in der traditionellen Alpauffahrt der Knecht des Hofes mit dem Stier, dann kommt der Bauer mit dem Hofhund und den Abschluss bildet der so genannte Lediwagen, der von einem Pferd gezogen wird und auf den man das für die Alpwirtschaft notwendige Geschirr, das meiste aus Holz, geladen hatte. Der Lediwagen fällt heutzutage in fast allen Fällen genauso weg wie der Stier. Er ist historische Erinnerung. Auf den modernen Alpen werden metallene, zum Teil fest eingebaute Geräte verwendet. Und der Stier ist durch künstliche Besamung ersetzt.

Vor dem letzten steilen Stück nehmen die Sennen den Kühen die großen Fahrschellen ab. Ihr Schritt ist so bemessen, dass die Glocken entsprechend läuten können.
Droben vor der Alphütte werden die Fahrschellen von den Sennen noch einmal sehr intensiv geläutet, dazu singen die Sennen ein »Ruguserle«. Dann werden die Glocken aufgehängt und die Sennen essen mit ihrem Herrn und Meister am Tisch der Alphütte den so genannten »Fenz« aus einem Topf.

Das Ruguserle oder auch »Zeuerle« ist eine besondere Art textlosen Gesangs, der in Appenzell daheim ist. Die Melodie ist von eigenartiger Schwermut und man sagt, das Singen dieses eigenartigen Gesangs sei von Landsknechtszeiten bis zur Fremdenlegion verboten gewesen, weil als Folge dieses Gesangs zu viele Appenzeller desertiert seien, getrieben von Heimweh.

Überhaupt, Appenzell und die Musik. Die typische Appenzeller Musikgruppe besteht aus Geige, Cello, Hackbrett und Kontrabass.
Bei den jungen Leuten gibt es einen Tanz namens »Hierig«, bei dem eine ganze Liebesgeschichte vom Kennenlernen, über das Sichzerstreiten und das so schöne Wiederversöhnen dargestellt wird.
Die Appenzeller Volksmusik, die zu Beginn des letzten Jahrhunderts fast in die Vergessenheit zu fallen drohte, hat durch die Initiative einzelner Männer in den

letzten Jahrzehnten wieder einen starken Aufschwung genommen.
Ich kann mir nicht helfen, aber ich finde das Wesen der Appenzeller, ihr Willen zur Selbstständigkeit und zur Ungebundenheit findet nirgends so stark seinen Ausdruck wie eben in ihrer Musik.
Und bei den Heilern. Auf dem Landsgemeindeplatz vor meinem Hotel fällt mir mehrmals am Morgen ein Mann auf. Er trägt ein reich besticktes Sennenhemd, die braune Latzhose der Sennen mit Hosenträger, geht barfuß und trägt unter dem Arm jedes Mal zwei kostbare chinesische Rassehunde. Er verschwindet in einem etwas abseits gelegenen Hotel. Ich halte ihn für einen Knecht, der für seine Meisterin die Hunde ausführen muss. »Weit gefehlt«, sagt mein Appenzeller Freund, »das ist einer unserer Appenzeller Heiler. Zu dem kommen aus der ganzen Schweiz, ja aus ganz Europa Frauen, die keine Kinder bekommen können. Die heilt er mit Erfolg. In dem Hotel dort drüben empfängt er die Frauen.«
»Aber warum geht er barfuß?«, frage ich. »Er hat so viel Heilkraft, behauptet er, dass es seine Schuhe zerreißen würde, hätte er welche an.«
Noch ein Stück Appenzeller Eigenart. Bis 1965 gab es kein Gesetz, das den Zugang zum Heilberuf regelte. Jeder, der wollte, konnte sich in Appenzell als Therapeut und Heiler niederlassen. Aber noch heute ist Appenzell ein Eldorado der unterschiedlichsten Heiler und Quacksalber. Typisch ist, dass die Appenzeller selber eher zu ihren studierten Doktoren Vertrauen haben und zu gewissen tief im Appenzeller Volkstum verwurzelten Weisen.

Die Appenzeller nehmen manche Dinge nicht verbissen ernst. Zwar lacht die Schweiz über Appenzeller Witze, bei denen es darum geht, dass die Appenzeller angeblich klein und mit dicken Köpfen ausgestattet seien. Auch ihre Sprache wird gern zum Gegenstand der Heiterkeit gemacht. In Wahrheit aber sagte man den Appenzellern bereits im 18. Jh. nach, sie seien »lebhafter, munterer, scherzhafter, witziger und geistreicher als ihre Nachbarn«. Ihre Schlagfertigkeit ist berühmt, wenn nicht sogar gefürchtet.

Hier mein jüngster Eindruck von Appenzell. Im Hauptort gibt es eine längst aufgelassene Ziegelei. Aus ihr entsteht im Augenblick mit dem Geld eines reichen Stifters ein Kulturzentrum, das Ausstellungsräume, Räume für Konzerte, Kleinkunstaufführungen und Theater unter einem Dach vereint. Natürlich fehlt auch nicht ein Café, das dem persönlichen Austausch dienen wird. Wenn man bedenkt, dass der Hauptort Appenzell bereits ein Museum für den Appenzeller Maler Linner besitzt, dann kann man dieses Interesse und diese Offenheit für die Kunst in einem Ort der mitsamt seinem Kanton wenig mehr als 13.000 Einwohner hat, nur aufs Höchste bewundern. Aber parallel zu diesem kulturellen Zentrum entsteht gegenwärtig eine zentrale Milchverwertung, die sich zur Aufgabe gemacht hat, die anfallende Milch, die nicht zur Produktion von Appenzeller Käse gebraucht wird, intelligent auf den Markt zu bringen. Die ersten Ergebnisse liegen bereits vor und sind beachtlich.
Auch dies eben ist Appenzell, auch dies sind Appenzeller, bei denen das Sinnieren und Studieren auf eigenen Wegen zum Charakter gehört, das Erfinden und Spekulieren, abseits der viel gegangenen Wege. Hierzu fällt mir ein letztes Beispiel ein. In einem der Appenzeller Bauernhöfe werden Rinder mit den Nebenprodukten einer Bierbrauerei gefüttert. Sie werden zugleich nach dem Vorbild der berühmten japanischen Kobe-Rinder auf spezielle Weise gepflegt. Der Erfolg ist ein Fleisch, dessen Qualität weit über dem normalen Standard liegt und das dementsprechend auch vermarktet werden kann.

Aber ich kann nicht aufhören von Appenzell zu reden, ohne seine Landschaft zu rühmen. Von den sanften Hügeln, mit dem Golf-Rasen und den Bauernhäusern wie aus der Spielzeugschachtel habe ich schon geschwärmt. Aber ich habe noch kein Wort gesagt über den Rahmen, der das ganze einfasst oder sagen wir besser Kulisse, vor dem das Ganze spielt: der Alpstein. Ein Gebirge im Gebirge der Alpen von aufregender Schönheit. Man muss mit der Seilbahn auf den Hohen Kasten fahren. Dann überschaut man dieses Gebirgsland, das überragt ist vom Säntis und vom Alten Mann und in dem blau und verträumt der Seealpsee liegt und der Fählensee. Der Felsengrat vom Hohen Kasten zu den Kreuzbergen. Die Meglisalp. Die Altenalp und die Ebenalp. Fährt man dann mit der Seilbahn gar hinauf auf den Säntis, dann wird der Alpstein wieder klein und man schaut in fünf oder sechs europäische Länder.

Blick vom Hohen Kasten auf den Alpstein (Appenzell)

Thurgau

Eines haben Appenzell und der Thurgau gemeinsam: Ihre Bewohner sind Gegenstand von mehr oder weniger bösen Witzen. Während die Appenzeller – glaubt man diesen Witzen – alle Zwerge sind, sind die Bewohner des Thurgau alle Diebe.

Mancher kennt zuerst die Witze über den Thurgau, ehe er die Landschaft kennen lernt. Ich gestehe es freimütig, ich auch.
Da fährt ein Mann abends durch den Thurgau und sucht, sagen wir einmal nach dem Ort Zuben. Es wird langsam Nacht und er findet den Ort einfach nicht. Da hält er seinen Wagen an und frägt einen Fußgänger: »Entschuldigung, hier muss doch Zuben liegen? Ich kann es einfach nicht finden.«
Da sagt der Fußgänger: »Sie sind schon richtig, hier liegt Zuben, aber wir nehmen den Ort nachts rein, wegen der Diebe.«

Dabei gibt es im Thurgau nicht mehr und nicht weniger Langfinger als andernorts auch, genauso wie nicht alle Appenzeller klein sind. Und nicht alle Berner langsam.
Woher aber kommt diese merkwürdige Nachrede von den diebischen Thurgauern?

Ich habe bei Fritz René Allemann eine Erklärung gefunden. Der Thurgau unterstand bis 1789 eidgenössischer Hoheit. Die Kantone, die diese Oberhoheit innehatten, entsandten jeweils für zwei Jahre einen Landvogt. Zwar bestand der Thurgau aus vielen kleinen und kleinsten Herrschaften, die Bewohner des Thurgau waren deren zum Teil leibeigene Untertanen. Das Amt des Landvogts aber war geeignet, innerhalb von zwei Jahren einen Eidgenossen aus der Innerschweiz oder aus den Urkantonen durch das Erheben von Gebühren und Bußen reich zu machen. Da liegt der Gedanke nahe, dass mit den Dieben nicht die Bewohner des Thurgau gemeint waren, sondern die Landvögte, die das Land ausbeuteten.

Als Untertanenland spielte der Thurgau lange in der Eidgenossenschaft weder wirtschaftlich, politisch noch kulturell irgendeine Rolle. Auch in der neuen Schweiz gelang es nur mühsam, dieses Land wirtschaftlich zu entwickeln. So ist der Thurgau bis heute zunächst einmal der Apfel- und Birnengarten der Schweiz. Ein Blick auf die Karte zeigt das Fehlen großer Straßen. Die Autobahn, ja. Von Konstanz nach Winterthur oder von Zürich über St. Gallen an den Bodensee. Aber dann hört es schon auf. Schon die Straße von Konstanz über Arbon nach Rorschach ist verhältnismäßig wenig befahren. Die großen Heerstraßen, auf denen die Deutschen und die Mitteleuropäer nach Süden fahren, liegen fernab. So ist der Thurgau, je nach dem wie man ihn betrachtet, ein stilles, wunderschönes Land voll unentdeckter Schätze oder ein langweiliges Abseits. Große Dichter – Hölderlin, Mörike, die Droste-Hülshoff z. B. – haben von der Landschaft am Südwestrand des Bodensees geschwärmt.
Da ist der Bodensee mit seiner sanft geschwungenen Uferlinie, kleinen Buchten, Halbinseln blau, grün, im Dunst in kristallener Klarheit, glatt wie ein Spiegel, mit Wellen, die der Föhnsturm hoch peitscht, je nachdem, wie es das Wetter will. Und dahinter steigen die Ufer an, nehmen in weichen Konturen die Hügelketten immer mehr an Höhe zu. Auf den Erhebungen am See stehen Herrensitze, uralte Burgen, barocke Schlösser und Schlösschen. Keine oder kaum Ruinen. Niemand hat die Herren gewaltsam vertrieben. Sie haben zum Teil einfach aufgegeben, weil sie es leid waren, mit den Landvögten zu streiten. Reiche Bürger traten an ihre Stelle oder ganz einfach die Eidgenossenschaft selbst. Und dann Obstbäume so weit das Auge reicht. Ein blühender Garten voll Duft im Frühling. Sorgsam bebaute Äcker, Gemüse aller Art und Weinberge. Ein Paradies. Nirgends Fabriken, die den ländlich romantischen Eindruck unterbrechen. Die gibt es allerdings auch. Im Thurtal zum Beispiel.

Der Einfluss von St. Gallen ließ Textilindustrie entstehen. Wirkwaren und Trikotproduktion. Sie waren krisenfester als die St. Galler Spitzen.
Und natürlich will der Segen des Thurgau verarbeitet und als Konserven und Getränke vermarktet werden.
In Arbon wurden bis 1982 Lastwagen gebaut und Busse. Der Name Saurer hatte einen guten Klang. Was geblieben ist, ist Maschinenbau.
Fleißige, strebsame Menschen sind im Thurgau daheim. Sie seien etwas langweilig, meint mancher Innerschweizer.

Sie nennen den Thurgau manchmal »Mostindien«. Einen bitteren Kern hat dieser Spitzname, so will es mir scheinen, hinter allem Scherz klingt da ein Stück Abfälligkeit mit.
Neuerdings war die Rede von dem Plan einer riesigen Marina im Bodensee, mit Hotels, Spielcasinos, Restaurants, Ferienwohnungen, Yachthäfen. Ein Millionenprojekt englischer Investoren. Die Bewohner des Thurgau haben in einer Abstimmung »nein« dazu gesagt, haben ihr stilles Land vor dem Touristenrummel bewahrt.

In dem fast reinen Bauernland Thurgau ist die Fahrt abseits der großen Straßen während der Obstblüte natürlich am allerschönsten. Zwei Städte sind bemerkenswert. Die Hauptstadt Frauenfeld und Bischofszell, wo eine altertümliche Steinbrücke mit acht Bögen in unberührter Landschaft über den Fluss führt.

*

Schaffhausen

Der Kanton Schaffhausen ist ein bemerkenswertes Gebilde. Während in aller Regel die Grenzen der Schweiz von der Natur vorgegeben sind durch Berge, Flüsse, Seen, ist der Kanton Schaffhausen eine Ausnahme. So gut wie sein ganzes Gebiet liegt auf dem rechten Rheinufer und ist umschlossen von Baden-Württemberg. Die Gründe sind einleuchtend. Als die Stadt Schaffhausen Ende des 15. Jahrhunderts vor der Alternative stand, österreichische Landstadt zu werden – damals war das Land am Hochrhein und vor allem der Hotzenwald ja noch vorderösterreichisches Gebiet – oder sich der Eidgenossenschaft anzuschließen, wählte sie die letztere Lösung, die sich natürlich langfristig als die bessere herausgestellt hat.

Schaffhausen war da nicht allein. Es gab noch manchen im süddeutschen Raum, der sich gern der Eidgenossenschaft angeschlossen hätte. Aber die Gegebenheiten waren halt nicht so günstig wie in Schaffhausen. So war Rottweil von 1519 bis 1803 zugewandter Ort der Eidgenossenschaft. Ausschlaggebend war für die Entscheidung Schaffhausens der Aufstieg der Handwerker und Kaufleute. Schaffhausen war dort entstanden, wo durch den Rheinfall der natürliche Verbindungsweg zwischen Bodensee und Basel unterbrochen wurde. Diese natürliche Unterbrechung machte es notwendig, die Schiffe oberhalb des Rheinfalls zu entladen, die Waren um den Rheinfall herumzuschaffen und unterhalb des Rheinfalls auf andere Schiffe zu verladen. Das gab Gelegenheit für viele Handelsinitiativen bis tief in den süddeutschen Raum hinein. Manche dieser Handelsbeziehungen wurden schwierig durch den Anschluss an die Schweiz. Als gar im 19. Jahrhundert Schaffhausen nicht mehr an eine Vielzahl von kleinen Herrschaften angrenzte, sondern an das neue Land Baden, als die deutsche Zollunion entstand, da war Schaffhausen plötzlich von seiner natürlichen Kundschaft abgeschnitten. Schaffhauser Handwerker waren ohne ihre Klientel und sogar der Wein, der in Schaffhausen wächst, war plötzlich ohne Abnehmer. Schaffhausen hat mit den Problemen leben gelernt. Aus einer im Grunde badischen Stadt ist eine schweizerische Stadt geworden. Selbst das Alemannisch des Hochrheins, das in Schaffhausen gesprochen wurde, hat sich dem innerschweizerischen Alemannisch angenähert.

Auch wenn die Altstadt von Schaffhausen ein wunderschönes Beispiel einer alten Stadt darstellt, Schaffhausen ist in erster Linie ein Industrieraum. Frühzeitig wurde der Wert des Rheins für die Stromerzeugung erkannt und das Aluminium, das im Kanton Schaffhausen produziert wurde, machte zeitweilig ein Fünftel der gesamten Weltproduktion an Aluminium aus.

Die selbstbewusste Schaffhauser Arbeiterschaft trat am Ende des Ersten Weltkriegs geschlossen der kommunistischen Partei bei. Bemerkenswert ist, wie diese Bindung an Moskau knapp 10 Jahre später wieder zu Ende ging. In der Zeitung der kommunistischen Partei von Schaffhausen wurde jeweils am Wochenende die Gottesdienstordnung der Schaffhauser Kirchen abgedruckt. Moskau verlangte, dass die Zeitung dies unterlassen solle. Darauf erfolgte der Bruch der Schaffhauser Kommunisten mit Moskau und die Gottesdienstordnung wurde weiter in ihrem Kampfblatt veröffentlicht.

Irgendwann habe ich einmal beschlossen, mir dieses Schaffhausen anzuschauen. Die erste Station meines Besuches war das Benediktinerkloster Allerheiligen. Wehmütige Gedanken kommen mir, wenn ich mir dieses wohl erhaltene Bauwerk aus dem 11. Jahrhundert anschaue. Ich denke an Hirsau, mit dem dieses Allerheiligen im Zuge der Klosterreform zusammenhing und was von Hirsau von den Soldaten des allerchristlichsten Franzosenkönigs übrig gelassen wurde. Manches mag so ausgesehen haben, wie dieses Allerheiligen. 1529 wurde es im Zug der Reformation aufgehoben.
Durch einen Torbogen trete ich in den östlichen Klosterhof. Der Kreuzgang ist eine Einladung zur Meditation. Von der Glocke heißt es, sie habe Friedrich von Schiller zu seinem Lied von der Glocke inspiriert. Durch eine Vorhalle, die das 19. Jahrhundert angefügt hat, trete ich in das romanische Münster. Ein eindrücklicher romanischer Raum. Die Reformation hat alles religiöse Beiwerk entfernt, sodass Romanik pur übrig geblieben ist. Natürlich fragt man sich, ob diese fast abstrakte Baukunst wirklich die Absicht ihrer Erbauer war. Eindrucksvoll die Farben. Der Sandstein der Säulen und Pfeiler. Das Weiß der Wände. Die einfache, schlichte hölzerne Flachdecke. Der Raum ist der würdige Rahmen für die jährlichen Bachfestspiele von Schaffhausen.

Vorbei an der Basilika steige ich bergauf zum alten Zeughaus, einem wunderschönen Renaissancebau von 1617, in dem die Regierung des Kanton Schaffhausen ihren Sitz hat. Der Herrenacker, ein großzügiger Platz, so recht für Turniere und feierliche Umzüge. Der Fronwagplatz, der so genannte Festsaal der Altstadt. Die Häuser mit ihren bunten Fassaden stammen aus der Zeit nach dem großen Brand 1372.

Und dann wird mir klar, warum es heißt, dass Schaffhausen die Stadt mit den meisten Erkern der Schweiz sei. In St. Gallen sind sie mir schon aufgefallen, aber in Schaffhausen sollen es über 150 sein und dazu noch ca. 100 Halberker. Das sieht man.

In der Vordergasse, der Haupt- und Repräsentationsgasse des alten Schaffhausen habe ich das Gefühl, in einer großen farbengeschmückten Halle zu sein. Das Haus »Zum Ritter« hat wunderschöne Fassaden-Malereien. Sie gelten als die bedeutendsten der Spätrenaissance. Die Originale sind zwar abgelöst und können im

Museum Allerheiligen angeschaut werden, doch die Neubemalung gibt den ursprünglichen Zustand der Fresken perfekt wieder.

Den Abschluss meiner Wanderung durch Schaffhausen bildet die Besteigung des Munot. Er ist das Wahrzeichen der Stadt, wurde im 16. Jahrhundert erbaut. In seinem Innern gibt es einen schneckenartigen Aufgang, auf dem Reiter die Zinne erreichen können und selbst schmale Wagen können darauf fahren. Ein wunderschöner Blick über Dächer und Türme der alten Stadt, die eingebettet sind in freundliches Grün, belohnt mich für den Aufstieg. In einem Restaurant der Altstadt esse ich eine Schaffhauser Spezialität: Gedämpfter Schinken in Rotwein mit Kartoffelsalat. Hier das Rezept für 4 Personen:

Kartoffelsalat

600 g Kartoffeln, 1 Zwiebel (fein gehackt), 1 Stange Lauch (feine Streifen), 10 g Butter, 50 g Speck (Würfelchen), 2 TL Senf, 300 ml – 500 ml Fleischbrühe (je nach Kartoffelsorte), Salz, Pfeffer aus der Mühle, 50 ml Kräuteressig, 1/2 Bund Schnittlauch (fein geschnitten), 1/2 Bund Kerbel (fein gehackt)

Kartoffeln in der Schale weich kochen, schälen, in 3 bis 5 mm dicke Scheiben schneiden, in eine Schüssel geben.
Butter erhitzen, Zwiebeln, Lauch und Speck darin andünsten, Senf dazugeben, gut vermischen, Fleischbrühe dazugießen, aufkochen, zu den Kartoffeln geben, Essig und Schnittlauch zugeben, vorsichtig wenden, mit Salz und Pfeffer abschmecken. Mit Kerbel bestreuen.

Gedämpfter Schinken in Rotwein

1 Schinken (gepökelt), 500 ml Hallauer (leichter roter Landwein vom nördlichsten Weinbaugebiet der Schweiz), 1 Zwiebel (klein geschnitten), 2 Karotten (klein geschnitten), 10 Pfefferkörner (zerdrückt), 1 Lorbeerblatt, 4 Wacholderbeeren

Schinken, Wein, Gemüse und Gewürze in eine hochrandige Kasserolle geben, aufkochen, Schinken während 1 1/2 Stunden leise köcheln lassen, warm oder kalt servieren.

Man kann den Kanton Schaffhausen nicht verlassen, ohne ein Bijou besonderer Art zu erwähnen, das seit 1803 zum Kanton gehört. Es handelt sich um das Städtlein Stein am Rhein, das dort liegt, wo der Rhein den Untersee verlässt. Am besten fährt man mit dem Schiff von Schaffhausen nach Stein, um dann von der Brücke in Stein den wunderschönen Blick auf den Ort, das Kloster St. Georgen und die Flusslandschaft zu genießen. Eine wahrhaft mittelalterliche Ansicht, zu der eigentlich nichts fehlt als die alte Holzbrücke. Dann sollte man sich nicht nehmen lassen, in den Gassen von Stein zu promenieren. Und schließlich als Muss das Kloster St. Georgen anschauen, auch dieses Kloster wurde 1525 in der Reformation aufgehoben, seine Mönche in alle Winde zerstreut, aber am Kloster selbst wurde so gut wie nichts geändert oder umgebaut, sodass hier eine der besterhaltenen Klosteranlagen zu besichtigen ist, die es gibt.
Ein Mann namens Ferdinand Vetter, ein Germanist, hat das Kloster Ende des 19. Jahrhunderts vor dem Verfall gerettet, restauriert und 1927 der Öffentlichkeit vermacht.

In Stein sollte man unbedingt Fische aus dem Bodensee essen.

Fribourg

In der Schweiz spricht man gern vom »Röschti-Graben«, wenn man die Sprach- bzw. Kulturgrenze meint, die die deutsche und die französische Schweiz trennt. Diese Grenze geht mitten durch Fribourg, die Stadt. In der Stadt wie im Kanton sprechen ein Drittel der Bevölkerung deutsch, zwei Drittel französisch.

Als Freiburger berührt es mich immer wieder merkwürdig, diesem anderen Freiburg zu begegnen, das Berthold IV. von Zähringen 1157 gegründet hat. Die gemeinsame Gründerdynastie, die Zähringer, schafft für mich ein Zusammengehörigkeitsgefühl, das sicherlich sonst durch nichts begründet ist. Als Neuenburg am Rhein vor zwei Jahren sein Gründungsjubiläum feierte, auch Neuenburg gehört zu den Zähringer Städten, da waren sie an einem Wochenende alle vereinigt, die Bürgermeister, Stadtpräsidenten, Gemeinderäte der Zähringer Städte. Sie waren alle miteinander auf Du und Du und es war ein großes und schönes Fest. Da gab es etwas von diesem Zusammengehörigkeitsgefühl: Bern und Murten, Fribourg und Thun, Burgdorf und Villingen und Offenburg und Freiburg im Breisgau und das kleine St. Peter im Schwarzwald, wo die Grablege der Zähringer ist.

Ich bin oft an Fribourg vorbeigefahren. Von der Autobahn aus ahnt man überhaupt nicht, wo es liegt. Ein paar Gebäude. Das ist alles. Aber ein Dutzend Kilometer südlich von Fribourg gibt es eine Autobahnraststätte, die mich immer wieder angezogen hat und anzieht. Ihr Name ist Programm: Gruyère. Sie liegt mitten in dem Gebiet, wo der gleichnamige Käse gemacht wird und an dem künstlichen See, der denselben Namen trägt.

Man isst recht gut in dem Restaurant, man schläft noch besser in dem Hotel mit dem Blick auf den See und in die Berge und man kann Käse kaufen, eben den Gruyère, einen der großen Hartkäse, für die die Schweiz berühmt ist: Appenzeller, Emmentaler, Tilsiter, Sbrinz und eben Gruyère, zu deutsch: Greyerzer. Er ist das Ausgangsmaterial für jene berühmte Käsesuppe der Sennen, die Fondue heißt, das Geschmolzene (vom jenseitigen Land des Röschti-Grabens). Just dieses Fondue pflege ich mit meinen Begleitern zu essen, wenn ich in La Gruyère vorbeikomme.

Ich bin auch schon ins Käseland hineingefahren, nach Bulle, dem Hauptort von Gruyère, wo im Sommer am Donnerstag die Bauern der Umgebung in Tracht auf den Markt kommen, um nicht nur ihren Käse zu verkaufen. In Bulle gibt es auch ein Denkmal für einen namens Chenaux, der mit anderen Greyerzer Bauern die Regierung in Fribourg stürzen wollte. Er kam nur nicht weit. Es war ein Kopfgeld auf ihn ausgesetzt und ein Freund hat ihn deswegen umgebracht und aus war es mit der Revolution. Das war 1781.

Ein wunderschönes Bauerndörfchen ist Grandvillard mit alten unveränderten Greyerzer Häusern. Am einen oder anderen gibt es so genannte Poya, naive Malereien, die den Alpaufzug schildern. Sie sehen aus wie die entsprechenden Gemälde der Bauernmaler von Appenzell. Nur, dass hier die Kühe schwarz-weiß sind, so wie sie eben ausschauen im Fribourger Land. Sie liefern auch die Crème de la Gruyère, einen doppelfetten Rahm, der auf dem Schweizer Markt bisher konkurrenzlos ist, nicht nur, was das Angebot betrifft, sondern auch die Qualität, die auf den besonderen Alpweiden der Fribourger Kühe beruht.
Das ist Fribourg als Kanton: Ein Bauernland, in dem noch immer 18% der Bevölkerung von der Landwirtschaft leben, während das im Landesdurchschnitt 4,6% sind.

Als Berthold IV. Fribourg gegründet hat, da tat er dies zur Abwehr der Burgunder, deren Expansion von Nordwesten her über den Jura drängte.

Wie in Bern die Aare, nutzte der Gründer von Fribourg die Schleifen des Flusses Saane und dessen tief eingeschnittenen Lauf als natürliche Befestigung der Stadt. Der Platzmangel auf dem Hügel und die offene Flanke nach Westen führten zur Gründung der Vorstädte am Fluss, die mit einer großzügigen Mauer geschützt wurden. Zwei Kilometer Mauern sind noch erhalten und 14 Türme. Es ist die umfangreichste noch erhaltene Stadtbefestigung der ganzen Schweiz.

1481 war Fribourg im Krieg mit Karl d. Kühnen von Burgund auf der Seite der Eidgenossen dabei und wurde in deren Bund aufgenommen. Zu diesem Zeitpunkt war Fribourg auf dem Höhepunkt seiner wirtschaftlichen Blüte. Fribourgs Tuchhandel versorgte halb Europa. Mit der Reformation, bei der Fribourg dem alten Glauben treu blieb, nahm die Bedeutung von Fribourg in politischer wie wirtschaftlicher Hinsicht ab. Die herrschende Schicht wandte sich vom

Weg oberhalb Saas-Fee (Wallis)

Handel ab. Von nun an waren die Fribourger in erster Linie Söldner in fremden Diensten und gewannen so Reichtum und Titel. Die fremden Dienste, das waren französische Dienste. Wie sich überhaupt das Fribourg der Gegenreformation an Frankreich orientierte. Die anderen welschen Kantone hatten den neuen Glauben angenommen. Waren geistig von Genf her bestimmt. Frankreich, das bedeutete das christlich-absolutistische Frankreich der Könige.
Nur im religiös-geistlichen Raum behielt Fribourg bis heute eine führende Stellung in der Schweiz. Es ist der eigentliche katholische Vorort. Manchmal will es scheinen, als würden Fribourg und seine Bewohner allzu sehr in der Haltung der Gegenreformation verharren. Die katholische Universität, deren theologische Fakultät in den Händen der Dominikaner liegt, genießt über die Schweiz hinaus in der katholischen Welt großes Ansehen.

Inzwischen erlebt Fribourg aber auch einen wirtschaftlichen Aufschwung, von dem die Wolkenkratzerähnlichen Wohntürme sprechen, die das Stadtbild »zieren«.

Vieles in der Stadt ist vom Stil her spätgotisch und zeugt von der wirtschaftlichen Bedeutung der Stadt am Ende des Mittelalters. Da ist z. B. die Neustadt mit ihren mittelalterlichen Häusern, da ist die gedeckte Berner Brücke mit einem großartigen Befestigungswerk, eine steile Wehrmauer, das Berntor, der Katzenturm und der Rote Turm. Alle drei aus der Mitte des 13. Jahrhunderts. Da ist die Rue d'Or, die Goldgasse, die ihr spätgotisches Aussehen vollständig erhalten hat, die Rue de la Samaritaine, deren kleine gepflegte Häuser vom Reichtum der spätmittelalterlichen Handwerks- und Handelsstadt erzählen.

Auf der Spitze des von den Zähringer besiedelten Hügels liegt die Burg, der alte Zähringer Kern. Da ist die Rue de Lausanne und dann am Rathaus ein seltsames Säulengewirr. Hier stand eine Linde, die 500 Jahre alt wurde. Die Säulen stützten seit 1756 die altersschwachen Äste. In den 80er-Jahren des vergangenen Jahrhunderts ist die Linde eingegangen. Aus ihrem Samen wächst nun eine neue, junge Linde. Man sagt, ein Bote mit der Nachricht vom Sieg bei Murten habe den ersten Lindenzweig nach Fribourg gebracht.

Und dann sind da noch die Kirchen von Fribourg: die Kathedrale St-Nicolas, die Basilika Notre Dame, die Kirche der Franziskaner, der Couvent de la Visitation und schließlich das Collège St. Michel. Hier sind seit 1584 Jesuiten tätig, um die Jugend der Stadt im katholischen Geist zu erziehen.

*

Neuchâtel

Es gibt Leute, die ins Schwärmen kommen, wenn vom Nordufer des Neuenburger Sees die Rede ist. Dieser Neuenburger See ist der größte See, den die Schweiz mit keinem anderen Land teilen muss, wie z.B. den Genfer See oder den Bodensee.
Sein Südufer allerdings, das sich die Kantone Fribourg und Waadt in mehr oder weniger große Stücke teilen, sei – so lese ich – das unbekannteste und einsamste Stück Schweiz, wo die kleinen Orte scheinbar dem See aus dem Weg gehen und sich wie Schutz suchend an die Hügel drängen. Ich weiß es nicht, ich war noch nie da.
Aber wir wollen ja vom Nordufer sprechen, das gar kein rechtes Nordufer ist, sondern ein Nordostufer, voll der Sonne zugewandt. »Eine lachende Landschaft, wie von einem souveränen Künstler aus Weinbergen, Feldern und Parks verführerisch komponiert, mit dichtgebauten und unablässig aufeinander folgenden Dörfern und Kleinstädten, altersgrauen Türmen und romantischen Schlössern bestückt ... von einer prallen und doch milden Sonne überschienen.« Das ist die Hommage von Fritz René Allemann für dieses Land.
Neuchâtel, Neuenburg. Mir kommt in den Sinn, dass man just hier das beste und eleganteste Französisch spricht. Nicht etwa der Schweiz, sondern von allen frankofonen Ländern überhaupt. Ich muss aufpassen, dass ich in Neuchâtel mich mit meinem Schulfranzösisch zurückhalte. Denn ich kenne keinen anderen Kulturkreis, der so sehr seine Sprache mit Kultur und Bildung gleichsetzt, wie der Französische. Französisch muss man beherrschen – oder schweigen. In jeder anderen Sprache darf man radebrechen, manche Völker freuen sich sogar, wenn man sich in ihrer Sprache versucht. Nicht so die Frankofonen. Für sie ist man ganz einfach ungebildet, wenn man nicht perfekt französisch spricht.
Neuenburg. Gegen den Willen ihres Landesherrn, des Grafen von Orleans, haben die Neuenburger die Reformation angenommen. In der Stiftskirche war der Mitstreiter Calvins tätig, Guillaume Farel. Er hat den Neuenburgern ihre Freude an der Ausgelassenheit, an Lebenslust und Genuss gründlich vergällt. Er und seine Sittenwächter, die so genannte »La Classe« zogen mit puritanischer Nüchternheit gegen Tanz und Heiterkeit zu Felde. Aber nicht nur das, im Laufe der Zeit wurde die »vénérable Classe«, die Versammlung der Neuenburger Pfarrer, auch zu einer Institution, die in politischen Fragen mitredete und entschied. So unter anderem, als nach dem Aussterben der Linie Orleans – Longueville die Frage eines neuen Landesherren anstand. 15 Bewerber gab es, Neuenburg entschied sich – für den König von Preußen. Er hatte schon gewisse Erbansprüche, aber entscheidend war, »dass er drittens reformiert, zweitens mächtig und erstens weit weg« war. So wurde Neuenburg preußisch, was sicherlich seiner puritanisch reformierten Bevölkerung gut zu Gesichte stand, andererseits keine weiteren Konsequenzen hatte. So kämpften Neuenburger Truppen im Dienste des französischen Königs ohne Probleme gegen Preußen. Und die Neuenburger blieben preußisch und Schweizer, bis um die Mitte des 19.Jh. die neue Eidgenossenschaft entstand. Nun musste Preußen Neuchâtel aus seiner Oberhoheit entlassen. Es drohte sogar für einen Moment ein Krieg. Der französische Kaiser vermittelte. Der preußische König verzichtete. Das Problem war gelöst.
Aber zurück nach Neuenburg, die Stadt. Die Reformation brachte nicht nur das strenge Regiment der Pfarrer. Neuenburg wurde zugleich – man kann über Zusammenhänge nachdenken – ein geistiges Zentrum. Hier entstand die erste französische Bibelübersetzung, hier entstand eine juristische Schule, in der man über Menschenrechte nachdachte, hier wurde alles gedruckt, was in Frankreich nicht gedruckt und gelesen werden durfte. Bis heute hat der kleine Kanton Neuenburg eine Universität.
Neuenburg, die Stadt, besteht – abgesehen von seinen modernen Quartieren – aus drei Teilen: der Gartenstadt, der Altstadt und dem Burghügel mit den allerältesten Teilen.

In der Gartenstadt befinden sich die Universität und das Musée d'Art et d'Histoire. In diesem Museum befinden sich frühe Roboter, sagen wir besser Automaten, die um 1774 entstanden sind, auch Zeugnisse Neuenburger Geistigkeit: die Klavierspielerin, der Schreiber und der Zeichner.
Die Altstadt ist vom Seeufer durch Bauten der Gründerzeit getrennt. Dann geht es durch Renaissance und 18. Jahrhundert durch Straßen mit Lauben und über kleine freundliche Plätze zur Croix-du-Marché, dem früheren Markt. Schöne Häuser, Straßencafés, ein Tor. Ein Brunnen.
Dann hinauf zu Schloss und Kirche. Aussicht auf die Dächer der Stadt, den See und bei ein bisschen Glück und klarem Wetter die Alpen.
Dies ist die eine Seite des Kantons Neuenburg. Die kühle, um nicht zu sagen sehr zurückhaltende Stadt mit ihren fast aristokratischen Herren. Jahrhunderte puritanischen Protestantismus wischt man nicht weg. Dabei sollte man allerdings den Wein nicht vergessen, der an den Hängen über dem See wächst.
Und dann geht es hinauf in den Jura. Über den Pass der Vue des Alpes, der seinem Namen alle Ehre macht, und man könnte in einer halben Stunde in La Chaux-de-Fonds sein.
Aber da muss man noch einen Blick in das Val de Ruz werfen – eine mandelförmige Ebene, von Juraketten eingerahmt. Sozusagen auf halber Strecke zwischen den Rebbergen am See und den Städten auf der Höhe. Dicht besiedelt. Voll landwirtschaftlich genutzt. Viehwirtschaft. Etwas Ackerbau. Und dann das enge Val de Travers im Herzen des Faltenjura. Wanderwege in malerischer Einsamkeit. Täler und windzerzauste Hochplateaus. Ein Naturschutzgebiet mit Gämsen und Steinböcken, die man hier eigentlich nicht sucht. Und dann sind wir in der kältesten Gegend der Schweiz. 41,8 Grad minus wurden hier oben gemessen. Die kalte Luft sammelt sich in dem Hochtal, kann nicht abfließen und kühlt immer weiter ab.
La Chaux-de-Fonds. Die höchstgelegene Stadt Europas. Mit Le Locle das Zentrum der Neuenburger Uhrenindustrie. Hier oben konnte Daniel Jean Richard, der Initiator der Neuenburger Uhrenindustrie, von niemandem behindert, von keiner Tradition und keiner Zunft, eine Manufaktur eröffnen und die fleißigen tüfteligen Bewohner dieses Berglandes beschäftigen. Man erzählt, Richard sei ein Schmied gewesen, der die Uhr eines Bekannten auseinander nahm und wieder zusammensetzte und dabei die Geheimnisse des Uhrenbaus für sich entdeckte.
Natürlich steht am Anfang der Uhrenindustrie der Bau von Uhren als Einzelprodukt. Und dieses Herstellen von Einzeluhren als kostbare Handarbeit hat sich bis heute gehalten. Natürlich kostet eine solche Uhr, an der ein Uhrmacher mehrere Monate, vielleicht sogar Jahre gearbeitet hat, entsprechend viel. Sie ist aber auch etwas, dessen Wert nur ein Kenner abschätzt.
Ist solche Handarbeit eine krisenfeste Sache, die immer ihre Abnehmer findet, so ist die industrielle Herstellung von Uhren eine Sache, die ähnlich den Spitzen von St. Gallen und Appenzell zwar nicht der Mode unterliegt, so doch aber von einem sehr veränderlichen Markt abhängt. Noch anfangs der Siebzigerjahre kamen zwei Drittel aller Uhren auf dem Weltmarkt aus der Schweiz. 1973 lieferte sie 59 Millionen Uhren im Gesamtwert von 3,7 Milliarden Franken. Der Kanton Neuenburg war daran mit rund der Hälfte beteiligt. Dann kam die Quarzuhr. Die Schweizer Uhrenindustrie war nicht auf sie vorbereitet. Zwischen 1974 und 1982 ging der Schweizer Uhrenexport von 59 Millionen auf 18,5 Millionen zurück, ein Rückgang um 70%. Nur noch ein Zehntel der Uhren auf dem Weltmarkt kam aus der Schweiz. Die Folge war Arbeitslosigkeit in den Zentren der Uhrenindustrie. Abwanderung: La Chaux-de-Fonds verlor von 1970 bis 1980 11,8% seiner Bevölkerung, Le Locle 15,7%. Inzwischen hat das Blatt sich wieder gewendet. Einerseits wurde versucht, verwandte Industrien anzusiedeln, aus dem Bereich der Feinmechanik vor allem, andererseits aber verlangt der Markt wieder mechanische Schweizer Uhren. Die Uhrenfabriken im Jura haben wieder gefüllte Auftragsbücher.

Waadt

Während es doch eine ganze Reihe von Freunden und Bekannten gibt mit Vorlieben für das Wallis, seine Täler und Aussichtsterrassen, die dort Ferien verbringen, ja sogar Ferienhäuser haben, kenne ich keinen mit demselben Verhältnis zur Waadt. Es ist, als wäre diese Südwestecke der Schweiz mit dem Genfer See als Mittelpunkt ein fremdes Land. In seiner Französität gewissermaßen ein Stück jenes Frankreich, das vor einer Generation noch Erbfeind war und innerhalb der nächsten, meiner Generation, politisch zum europäischen Freund entwickelt wurde, wobei manche Distanz in der Alltagswirklichkeit durchaus blieb, nicht zuletzt wegen der fehlenden gemeinsamen Sprache.

Nicht einmal im großen Chor derer, die dieses Land wegen seiner besonderen Schönheit rühmen, sind deutsche Stimmen vertreten. Dafür vernimmt man, dass die Reichen und Schönen dieser Welt in diesem Landstrich ihre Häuser haben und hatten: Charlie Chaplin z. B. oder Georges Maigret und dass jene berühmten Schulen, in denen die europäische Crème ausgebildet wird, hauptsächlich hier zu finden sind. Und dann fällt mir eben doch noch ein Landsmann ein mit Beziehung zu diesem schönen Land: der letzte Markgraf von Baden, der später als Großherzog Baden im 19. Jahrhundert regierte. Er war früh Waise geworden und seine Großmutter, die für ihn regierte, schickte ihn um 1770 herum nach Lausanne zum Studium an der evangelischen Hochschule. Der junge Mann lernte auch den dortigen Wein kennen, den Chasselas, der als Fendant bekannt ist. Er beschloss, diesen Wein in seinem Land einzuführen. Er wurde im Markgräflerland zur verbreitetsten Weinsorte – der Gutedel – und das Markgräflerland zum nördlichsten Anbaugebiet des Chasselas.

Und das ist die Schönheit der Waadt, jener Uferstreifen von Genf bis ans Ende des Sees, wo das Schloss Chillon im See einen Schlusspunkt auf all die Schönheit setzt. Kleine malerische Orte am See, denen eine savoyische Burg mit rundem Turm beim Aufpassen hilft. Auf halber Höhe Felsterrassen mit Wein, mit Obstanlagen. Die Stadt Lausanne, wo die Hälfte der Bewohner der Waadt wohnt, und Vevey mit der Verwaltung des Nestlé-Konzerns und Montreux und die »Rose von Montreux«, von der jeder Unterhaltungsmacher des Fernsehens träumt. Drüben am Südufer verdämmern die Orte Savoyens im Dunst des mittäglichen Gegenlichts.
Ich fahre auf der Straße, die auf mittlerer Höhe durch die Rebberge führt. »La Côte« heißt diese Gegend und man denkt an die Côte d'Azur. Aber dies hier ist anders. Schöner. Paradiesischer. Hiesiger. Ohne die fremdartige Strenge der Provence.

Rotbackige Äpfel hängen an niedrigen Büschen. Trauben an Rebstöcken. Die Bauern sind an der Weinlese. Kleine Lastwagen fahren Wannen mit Trauben. Es riecht säuerlich süß. Aus den Pressen fließt Most. In Féchy bittet mich eine Dame zur Weinprobe. Duftender Fendant vom Vorjahr. Ich lasse mein Auto voll packen. So ein Wein!

Die Waadt. Viele Bilder fallen mir ein. Avenches. Wir waren auf dem Weg zum Genfer See, wohl zum ersten Mal. Viele Jahre ist es her. Die Autobahn war noch nicht gebaut. Plötzlich römische Ruinen an der Straße. Was sage ich Ruinen, ein riesiges Ruinenfeld. Ich lerne, dies war die Hauptstadt des römischen Helvetien. Die sechs Kilometer Mauern umfassen rund 250 Hektar Stadt. Geschätzte 20.000 bis 40.000 Einwohner müssen hier gewohnt haben. Das Amphitheater bietet ca. 10.000 Besuchern Platz. Eine Großstadt. Die Anfänge standen wohl schon, als die Römer kamen. Es waren die Tiguriner, ein Zweig der Helvetier, die hier ein bedeutendes Zentrum hatten. Frühe helvetische Zusammenhänge, lange vor der Eidgenossenschaft. Für die römische Besatzung auch Etappenort hinter der Rheinfront. Die Straßen aus den römischen Gebieten kreuzten sich hier: aus Gallien, aus der Provence, über den großen St. Bernhardpass und über die Pässe der Innerschweiz und dann wieder am Fuß der Alpen entlang und nach Norden zum Limes und den Städten hinter der Grenze, nach Augusta Raurica z.B., Kaiseraugst, der Römerstadt am Rheinknie, Basel.

Wir sind damals weiter gefahren, um wenige Kilometer weiter erneut zu halten, überrascht: Payerne. Eine Abteikirche aus dem 11. Jahrhundert. Als wir hineingingen, fanden wir die gewaltige romanische Kirche sozusagen im Bau vor. Wir lernten, dass sie erst wenige Jahre vorher aus ihrer Verwendung als Kaserne und Gefängnis herausgelöst und jetzt renoviert wurde. Man sah noch die Spuren der eingezogenen Böden und Zellenräume. Heute entspricht sie dem, was sie ist: die glanzvollste Kirche der Romanik in der Schweiz.

Und dann lerne ich wieder ein Stück Geschichte der Waadt: Im 5. Jahrhundert wurde dieses Land burgundisch und als transjurassisches Burgund von 888 bis 1030 kurzfristiges Königreich. In diesem Payerne ließ sich Kaiser Konrad II. 1033 zum König von Burgund krönen. Und dann gehörte die Waadt zu Savoyen, dem Land zwischen Frankreich und Italien. Savoyisch sind die Schlösser mit dicken runden Türmen, die übers Land verteilt sind, Schloss Sarraz zum Beispiel.

Die Waadt galt als Juwel in der Krone Savoyens und das Selbstbewusstsein des »Pays de Vaud« entstand.

Wir sind Jahre später mit dem Pferdewagen durch das anschließende Kernland der Waadt gefahren, zugegebenermaßen auf Feldwegen und kleinsten Sträßlein, wie es sich für Pferdewagen-Wanderer gehört, durch das so genannte Plateau und südlich davon durch den »Mittelpunkt der Welt«, le Milieu du Monde, wo die Bäche und Flüsslein nach Norden zur Nordsee und nach Süden zum Mittelmeer fließen, ein Land fruchtbar und weit. Der Eindruck der Weite, der sonst in der Schweiz selten ist: Getreidefelder, wogende Ähren bis an einen fernen Horizont. Zuckerrüben, kleine Wälder, Wiesen. Die Waadt wäre in der Lage, sich selbst zu ernähren. In der schwierigen Ernährungssituation des Zweiten Weltkriegs haben die Bauern der Waadt, die ein Zehntel der Schweizer Landbevölkerung ausmachten, ein Fünftel des Schweizer Getreides und der Zuckerrüben und die Hälfte des für die Speiseölproduktion so wichtigen Raps für die Ernährung beigetragen. Und doch ist die Landflucht nirgends so stark wie hier. Lausanne und der Raum um Lausanne sind das Ziel der Wanderung. Die weiten Felder der Waadt betreibt eine technisierte Landwirtschaft mithilfe ausländischer Arbeitskräfte.

Unser Pferdewagen rollt durch dieses wunderschöne weite Land, wir treffen immer wieder auf jene Burgen und Schlösser, die von Savoyen erzählen. Abends kehren wir in kleinen Landstädtchen ein, wo die Zeit still steht. Noch so schön: Orbe, Eclépens, Cossonay, L'Isle. Dann rollt der Wagen in die Vorberge des Jura. Die kleine Straße führt abwärts in ein kleines Tal, an dessen Grund ein kleiner Ort sich um ein Kloster kuschelt. Romainmôtier, das älteste Kloster der Schweiz, 450 gegründet vom heiligen Romain.
Es hatte im 13. Jahrhundert seine Blütezeit und wurde 1536 von den Bernern säkularisiert. Wieder habe ich eine Lektion zu lernen. Im 16. Jahrhundert wurde Bern Herr über die Waadt und blieb es, bis die Franzosen kamen unter Napoleon. Jetzt saßen Berner Vögte in den Burgen und Schlössern der Waadt. Ihr Regime, so berichtet man, war sanft. Sie brachten als einigendes Band die Reformation mit. Die Waadt wurde protestantisch. In Romainmôtier wurden Kreuzgang und Konvent abgebrochen. Die Kirche blieb als Pfarrkirche. Drei Schiffe hat die Basilika aus dem 11. Jahrhundert. Romanisch mit frühen Ansätzen zur Gotik. Fresken: die Werke der Barmherzigkeit, Szenen der Bibel. Eine Muttergottesstatue, ihr Gesicht ist zerschlagen. Religiöser Eifer. Romainmôtier, wir bleiben

einen Tag und zwei Nächte. Reiz des Mittelalters in einem malerischen Winkel.
Mit dem Pferdewagen weiter nach Vallorbe und zur Quelle der Orbe, die aus dem Untergrund als Fluss herausströmt. In einer Tropfsteinhöhle träumt man von verwunschenen Welten.
Dann geht es hinauf zum Lac de Joux. Einsame Höhen. Wälder, der See. Steinblöcke. Lichter Tannenwald. Ich denke an Skandinavien.

Die französische Grenze ist nicht mehr fern. Die französische Revolutionsarmee schuf den von Bern unabhängigen Kanton Waadt. Als nach Napoleon Europa wieder geordnet wurde, auf dem Wiener Kongress, hätte Bern gern dieses reiche Land zurückgehabt. Aber die Beziehungen eines der führenden Männer des »Pays de Vaud« zum russischen Zaren Alexander sorgten dafür, dass Berns Wunsch nach »Restitution« unerfüllt blieb. Waadt wurde selbstständiger Kanton in der neuen Schweiz. Ausdruck seiner Selbstständigkeit ist der selbstbewusste Ausdruck »Pays de Vaud«, »Das Land Waadt«, mit dem sich die Waadt von den anderen Kantonen absetzt. Die Industrialisierung ist an der Waadt vorbeigegangen. Ausnahmen sind Uhrenindustrie im Jura und Schokolade und Kondensmilch in Vevey. Waadtländer wie Cailler, Peter, Kohler, Nestlé schafften sich Weltgeltung. Aber vor allem die Textilindustrie, die die Wirtschaft der Nordschweiz bestimmte, hat in der Waadt keine Basis gefunden. Die Waadt ist bis heute im Wesentlichen bäuerliches Land – ohne Bauern allerdings.

Klosterkirche Romainmôtier (Waadt)

*

Genf

Genf war für mich lange Zeit ein Ort, durch den man durchfahren muss auf dem Weg nach Südfrankreich, zur Provence, in das Roussillon, an die von mir so geliebte Ardèche, den wilden Fluss in seiner Schlucht, in der man so herrlichen Urlaub machen kann, mit den Freunden im Zelt.
Oder aber – näher – ins Vercors, wo in einem Felsental orthodoxe Mönche ein Kloster gegründet haben, nach dem Vorbild des heiligen Berges Athos.

Autobahn Basel – Freiburg – Lausanne – Genf, die französische Grenze, die französische Autobahn, die »péage« kostet, Gebühr. Vier Stunden, Baden-Baden – Genf, die erste Etappe der langen Fahrt.

Dann musste ich viele Jahre lang dienstlich nach Genf reisen. Genf ist der Sitz vieler internationaler Institutionen. In Genf hatte der Völkerbund seinen Sitz, jene Institution, die nach dem Ersten Weltkrieg von den großen Nationen geschaffen wurde, um den Weltfrieden zu erhalten und die es nicht schaffte, den Zweiten Weltkrieg und alles, was ihm voranging, zu verhindern. Als nach dem Zweiten Weltkrieg eine neue Vereinigung der Völker geschaffen wurde, die UNO – die Vereinten Nationen –, bekamen die zwar ihren Sitz in New York, Genf aber blieb die europäische Zentrale, wo z. B. die WHO – die Weltgesundheitszentrale – arbeitet, das internationale Arbeitsamt und zahlreiche andere internationale Einrichtungen.

Die internationale Atmosphäre machte Genf zur Konferenzstadt, so wie die internationalen Konferenzen das besondere Flair Genfs bestimmen. Hier tagt der Weltkirchenrat ebenso wie das GATT, das Allgemeine Zoll- und Handelsabkommen; hier hat das CERN, das europäische Kernforschungszentrum, seine weltweit einmaligen Anlagen zur kernphysikalischen Grundlagenforschung. Und nicht zuletzt ist Genf das Zentrum des Internationalen Roten Kreuzes.

In Genf gibt es aber auch eine Reihe von europäischen Institutionen mit übernationalem Rang. Eine davon ist die EBU, die European Broadcast Union, die europäische Rundfunkunion – jene Institution, die die übernationalen Sendungen der Eurovision veranstaltet, Sportsendungen vor allem, aber auch den Europäischen Schlagerwettbewerb.
Jedenfalls ist die EBU die Plattform internationaler Zusammenarbeit auf dem Gebiet des Fernsehens und des Rundfunks. Und als Vertreter der ARD für das Bildungsfernsehen hatte ich immer wieder in Genf zu tun, wo ich nicht nur mit den Leuten der EBU zusammentraf, sondern auch mit den Kollegen aus ganz Europa, wo wir gemeinsame Initiativen und Produktionen verabredeten.

Ich habe Genf dabei kennen gelernt und seine sehr französische Atmosphäre, eben so, wie man im Hotel, beim Frühstück, beim Mittagessen, am Abend eine Stadt und ihre Eigenart kennen lernt.

Die Frauen und Männer, mit denen ich zusammenarbeite, sind keine Genfer. Sie kommen aus ganz Europa, entweder nur für die Gelegenheit der jeweiligen Sitzung oder für längere Zeit. Aber Genfer sind es keine. Das macht das Leben hier in Genf aus: die bunte Gesellschaft aus aller Herren Länder, eine heitere, lebensfrohe Gesellschaft, die auch zu genießen weiß.

Aber ist Genf nicht die Stadt Calvins, die im 15. und 16. Jahrhundert das protestantische Rom hieß und das Leben streng regelte und überwachte? Längst gibt es in Genf mehr als 50% Katholiken und die Zahl der Genfer, die ihre Herkunft in Genf selbst haben, nimmt ab.

1987 war ich wieder für eine längere Zeit in Genf. Die Produktion einer Filmserie über die Orthodoxie brachte mich mitsamt meinem Filmteam in das Orthodoxe Zentrum von Genf. Es befindet sich in einem der östlichen Vororte, in Chambésy. Natürlich ist es die Vertretung der Orthodoxie am Ort des Weltkirchenrats und in der Schweiz.

1987 tagte eine panorthodoxe Kommission mit Vertretern aller orthodoxen Nationalkirchen. Es ging um die Vorbereitung eines orthodoxen Konzils, die bereits 60 Jahre dauert und wohl noch Jahre, wenn nicht Jahrzehnte dauern wird. Anwesend waren Bischöfe und Theologen aus den 14 selbstständigen orthodoxen Kirchen: die ganze orthodoxe Welt. Seit dem gemeinsamen christlichen Konzil von Nizäa vor mehr als 1200 Jahren, anerkennt die Orthodoxie kein Konzil, keine große gemeinsame Synode. Es ist Zeit, die Fragen der modernen Zeit gemeinsam, verbindlich zu entscheiden. Die Frage z. B., wie die Orthodoxie in den modernen Staaten des Westens einheitlich repräsentiert werden soll, wo doch fast alle unterschiedlichen orthodoxen Kirchen im Westen Gemeinden haben.

Rhonetal mit Sion (Wallis)

Es ist bemerkenswert, dass eine solche einmalige und wichtige Kirchenversammlung, zwar von der Öffentlichkeit unbemerkt, gerade in Genf stattfand.
Die Regierung des Kantons hat die Konferenz allerdings zur Kenntnis genommen und die Teilnehmer und das Fernsehteam mit einem Empfang im »Hotel de ville«, im Rathaus geehrt: Reden, Gespräche, Wein. Genf, der Kanton, der fast nur aus der Stadt besteht und keine Ausweichmöglichkeiten hat wie etwa Basel, das nach Baselland und Solothurn sich ausbreiten kann, ist erstaunlicherweise der drittgrößte Weinproduzent der Schweiz.
Der Besuch des Rathauses gibt Gelegenheit, die Altstadt von Genf zu sehen: Die Kathedrale, den »Temple de St-Pierre«, wie das hier heißt seit der Reformation, den »Temple de l'Auditoire«, wo Calvin gepredigt hat und Knox und de Bèze. Das Palais der Turrettini, das Maison Tavel, das älteste Haus der Stadt. Und ein prachtvolles Ensemble von gut erhaltenen Häusern aus gotischer und barocker Zeit, ein wenig düster und streng.
Genf liegt an einer zentralen Stelle, die Römer haben diese ideale Position bereits erkannt, die Burgunder natürlich und Savoyen, für das es ein idealer Hauptort gewesen wäre. Aber die Bewohner von Genf waren an ihrer Freiheit interessiert.

Drei Messen fanden im frühen Mittelalter jährlich in Genf statt. Waren wurden aus Süd und Nord, von den Handelstädten am Rhein und den Niederlanden, von Italien und aus dem Mittelmeerraum, aber auch aus Frankreich und Österreich gekauft und verkauft. Genf wurde reich dabei.

Die Bischöfe von Genf allerdings waren aus savoyischen Familien und so suchte schließlich die Stadt Rückhalt bei den Eidgenossen und – als Reaktion auf die undurchsichtige Politik der Bischöfe – die religiöse Freiheit der Reformation.
Calvin kam den Genfer Kaufleuten mit seiner Rechtfertigungslehre gerade recht. War es nicht gut zu wissen, dass der geschäftliche Erfolg ein Zeichen göttlicher Bestätigung ist?

Und der Freiraum Genf wurde zum Zufluchtsort für die Männer und Frauen, die in ganz Europa wegen ihres Glaubens verfolgt wurden. Sie brachten ihre Fertigkeiten mit, z.B. die Anfänge der Uhrenindustrie und ihre Weltläufigkeit, womit Genf zu dem wurde, was es war und ist: das protestantische Rom zunächst und der wahrhaft internationale Ort der Konferenzen und völkerübergreifender Institutionen.

Und irgendwo in der Altstadt haben wir ein Genfer Frikassee gegessen, ein »fricassée de porc genêvoise«, ein Ragout von Schweinefleisch, eingelegt in Genfer Wein mit einer Sauce, die mit Schweineblut und Rahm gebunden ist. Die Genfer wissen zu leben.

*

Jura

Es ist in diesem Buch viel vom Links-liegen-lassen von Orten und Landschaften die Rede, weil die großen Heerstraßen Europas und der Schweiz ihre eingefahrenen Verläufe haben, die nach anderen als landschaftlichen Gesichtspunkten angelegt sind. Nirgends ist es so schlimm wie im Jura, dessen Existenz, so vermute ich, von vielen Schweizfans sogar noch nicht einmal geahnt wird.
Wenn man in Basel die Schweizer Autobahnen erreicht hat, gibt es einen Wegweiser, der nach Delemont weist. Ins Unbekannte also. Für viele. Lieber folgen sie dem Pulk der Autobahn »Luzern-Gotthard-Bern-Lausanne«. Aber trauen Sie sich einfach einmal. Sie werden seltsam schöne Landschaften entdecken, die in der ganzen übrigen Schweiz kein Ihresgleichen haben. Und wenn einmal das einträte, was ein Schweizer Schriftsteller für das Matterhorn erzählte, dass es nämlich in Urlaub ging, einfach so, und nicht nur das Matterhorn, sondern alle anderen wunderschönen Berge der Schweiz dazu – es bliebe der Jura und seine Landschaft. Sensationell genug!

Wild ist der Jura und einsam. Und kalt im Winter. Eine Art Schwarzwald im Urzustand. Und doch noch einmal anders. Das machen die bizarren Kalkfelsen, die etwas Wildes in den Landschaftscharakter bringen. Wie sanft sind dagegen die Schwarzwaldberge mit ihrem Gneis und Granituntergrund. Dort, wo die Felswände die Täler schneiden, haben die Flüsse sich enge malerische Durchbrüche geschaffen, die Klusen.

Der Jura ist in viele einzelne Landschaften getrennt, die Berge in einzelne Ketten und die Täler in Abschnitte, die nicht zusammenhängen, und nirgends sonst in der Schweiz haben und hatten es die Menschen so schwer zueinander zu kommen. Der Wechsel von bald geschlossenen, wilden, bald lichten Wäldern und ausgedehnten Weiden lässt an eine Parklandschaft denken. Dörfer und Städtchen schmiegen sich in Täler und Mulden. Noch immer fehlt es an verbindenden Straßen. Dabei ist der Jura durchaus dicht besiedelt und stark industrialisiert. Wichtigster Industriezweig ist die Uhrenindustrie. Aber auch Maschinen und Fahrzeugbau. Die Landwirtschaft betreibt Viehzucht. Und der Käse aus dem Jura hat einen guten Namen.

Und dann stehe ich in einem Land, das scheinbar gar nicht mehr zum Jura gehört. An die Stelle der Falten des Auf und Ab von Bergketten und Taleinschnitten, der Enge ist ein weites offenes Land getreten, in dem endlose Getreidefelder mit Wiesen und Obstbaumbeständen sich abwechseln. Da sind keine Straßendörfer mehr, die sich in die Enge eines Tales drängen, sondern Haufendörfer, wo man Platz hat zum Leben und die Häuser sehen aus wie im elsässischen Sundgau. Wir sind im so genannten »Pruntruter Zipfel« dem Ajoie oder zu Deutsch Elsgau, der wie ein Balkon nach Frankreich, eben in den Sundgau, hineinragt. Ein Paradies wie das Elsass, fruchtbar und schön. Und seine Bewohner sind heitere französische Menschen, wie die Leute aus dem Sundgau und Belfort ist nicht weit und Montbeliard. Und in der Ferne ist der elsässische Belchen zu sehen. Und natürlich ist es gut, hier einzukehren. Frankreich lässt grüßen.

Der Elsgau ist ein Teil des jüngsten Schweizer Kantons, des Kantons Jura. Die Freiberge gehören noch dazu und der Bezirk Delémont sowie acht Gemeinden aus dem Bezirk Moutier.

Nicht der ganze Jura?, fragt man erstaunt. Nein. Aber wenigstens die Teile französischer Sprache? Noch nicht einmal die. Die katholischen Teile, vernimmt man erstaunt. Vor allem, wenn man weiß, dass es diesen Kanton erst seit 1978 gibt. Und dann lernt man, dass die Bindekraft der Konfession offenbar auch heute noch groß ist. Die Geschichte: Der Jura, Nordteil und Südteil, war

Gebiet des Bischofs von Basel. Aber der Südteil, offen nach Süden, stand unter Einfluss des starken Bern, was Wunder, dass die Herren und Herrschaften des Südjuras sich dort Freunde und Bundesgenossen suchten. Von dort kam auch die Reformation. Und als der Bischof seine Länder im Sinne der Gegenreformation rekatholisierte, gelang das eben nur im Norden. Der Süden war eigentlich nur noch dem Namen nach sein Gebiet.

Bei der Neuordnung der Schweiz auf dem Wiener Kongress erhielt Bern das gesamte Gebiet, das vorher dem Basler Bischof gehört hatte, sozusagen als Entschädigung für den Aargau und die Waadt. Bern war nicht glücklich über diesen zweifellos schlechten Tausch und die Leute des Jura auch nicht. Wenigstens nicht alle. Als dann nach dem Zweiten Weltkrieg die Frage der Lostrennung vom Kanton Bern aktuell wurde, zeigte sich, dass eigentlich nur die Gebiete des Nordjura daran interessiert waren. Der Südjura bekannte sich zu Bern und blieb auch bei Bern. 1978 stimmte das Schweizer Volk, gemäß der Verfassung befragt, der Selbstständigkeit des neuen Kantons zu. Delemont, zu Deutsch Delsberg, wurde Hauptstadt.

Weite Landschaft. Weideflächen mit kleinen Wäldern, einzelnen Baumgruppen, einzelnen Bäumen. In den Mulden kleine Hochmoore. Torf hat man da früher gestochen. Pferde, einzeln, in Herden, wehende Mähnen, scheinbar wild. Wir sind in den Freibergen. Das Land wird unterschiedlich genutzt, die weiten Grasflächen auf schlechtem Boden mit den großen Schirmtannen, auf denen die Pferde galoppieren, ist Gemeindeland: »Wytweide«. Dort, wo Wiesen und Ackerflächen mit Trockenmauern oder Zäunen abgegrenzt sind, ist »Finages«, Eigenbesitz an Land. Die behäbigen Höfe stehen meist auf der Grenze zwischen Eigenbesitz und Allmende. Einzelhöfe, kleine Weiler. Es ist wunderschön, durch die Freiberge zu wandern.

*

Wallis

Irgendwann in den späten sechziger Jahren kam ich auf die Idee, im Wallis zu wandern. Ich hatte mit meinen Freunden das Abenteuer Gotthard-Überquerung zu Fuß auf alten Wegen hinter mir und war auf den Geschmack gekommen. Zermatt und Saas Fee scheute ich, es ging ihnen der Geruch zu vieler Touristen voraus. Aber auf der Schweizerkarte gab es da ein Tal namens Val d'Anniviers. Das reizte mich, auch, weil es im französischen Gebiet liegt.

Wir haben die Fahrt am Gotthard begonnen, in einem Hotel von Andermatt, in dem wir uns bei der Gotthard-Wanderung wohl gefühlt hatten. In Hospental an der Sust, an der geschrieben steht: »Hier trennt, o Freund, der Weg, wo willst du hin, willst du zum heiligen Rom hinunter ziehn, nach Köln am Rhein, nach Westen, weit ins Frankenland hinein.«
So folgten wir der Richtung »... weit ins Frankenland hinein«.

Über Realp geht die alte Straße zum Furkapass und zum Rhonegletscher, der von Jahr zu Jahr immer kürzer wird und aus dem die Rhone entspringt, die hier oben im deutschsprachigen Wallis Rotten heißt. Ein besonderer Volksstamm lebt hier im Tal des Rotten, herb und rau. Und ihr Alemannisch klingt besonders kantig und erinnert in der Sprachmelodie doch an den Schwarzwald und die Schwarzwälder.

Rotten abwärts. Rechter Hand Bettmeralp und Riederalp. Wandergebiet und Skigebiet der besonderen Art: Über dem Aletschgletscher, der auf dem Konkordiaplatz unter der Jungfrau aus vier Gletschern entsteht und Europas längster Gletscher ist. Und der Ausblick nach Süden auf die Berge. Industrie. Brig. Nach Süden zweigt der Simplonpass ab. Die internationalen Züge Paris-Mailand-Rom verschwinden im

Simplontunnel, um über Domodossola den Lago Maggiore und die Poebene zu erreichen.
An der alten Simplonstraße steht der großartigste Palast der Alpen, der Stockalperpalast aus dem 17. Jahrhundert, wo jener Mann residierte, der für seine Handelsinteressen den Simplon vor Napoleon ausgebaut hat.

Zwischen Brig und Visp liegt am Südhang des Gebirges das Dorf Mund, das als Produzent von feinstem Safran einen Namen hat. Safran ist eine Art von Krokus. Das Gewürz selbst ist der Blütenstaub der Safranblüte. 130.000 Blüten müssen gesammelt und ausgewertet werden, um ein Kilogramm Safran zu gewinnen. Drei Kilogramm beträgt die jährliche Produktion.
Aber die Bewohner von Mund haben diese Nische entdeckt und vermögen so ihrem kargen Berglerdasein auf die Füße zu helfen. Der Munder Safran wird u. a. zu einem wunderbaren Safran-Risotto verarbeitet und es wird ein spezielles Brot, das Mutzbrot, nach einem geheim gehaltenen Rezept daraus gebacken.

In Visp zweigen die Vispertäler nach Süden ab: Saas Fee und Zermatt. Beides auch zwei alte Zugänge zu

Matterhorn – schlechtes Wetter kündigt sich an (Wallis)

Pässen: Der Monte Moro-Pass von Saas Grund nach Italien und der Theodulpass von Zermatt aus. Über ihn sind die Innerschweizer Männer nach Mailand gezogen, wo sie sich als Landsknechte verdingten. Oft bei verfeindeten Parteien, haben sich Schweizer gegenseitig umgebracht. Aber sie haben auch Ruhm und Ehre ins Land gebracht und Geld und Lebensart.

Aber zwischen Saas Fee, dem Traumdorf unter dem Himmel, und Zermatt: wunderschöne Berge, Drei- und Viertausender, von denen das Matterhorn der allerschönste ist. Als sei er von einem Werbefachmann für eine Schokoladewerbung entworfen.

Und das Weißhorn und der Monte Rosa und dann wieder in Saas Fee: Dom, Mischabel, Allalinhorn und die weiten Eis- und Schneeflächen, die Traumwanderwege zwischen dunkelgrünen Arven und gelben Lärchen im Herbst vor den Eisriesen und einem dunkelblauen Himmel, zur Allalinhütte z. B. und zum Felskinn. Hier haben Engländer im 19. Jahrhundert den Tourismus erfunden und den armen Dörflern Arbeit gebracht: den Tourismus, den Fremdenverkehr.

Und dann Raron, wo an der Kirche auf einem Felsen im Tal das Grab Rainer Maria Rilkes liegt mit dieser Inschrift:
»Rose, oh reiner Widerspruch, Lust
Niemandes Schlaf zu sein unter soviel Lidern.«
Der Turm von Muzot war Rilkes letzte Dichterstätte.

Leuk, Leukerbad. Ich bin mit Freunden über den Gemmipass gewandert. Von Kandersteg her. Wo der Öschinensee einen besonderen Höhepunkt landschaftlicher Schönheit in den Berner Alpen bildet. Zuletzt sind wir den ausgesetzten Weg durch die senkrechte Felswand nach Leukerbad abgestiegen. Und jetzt schwimmen wir im herrlich warmen Wasser von Leukerbad und seinem Freibad. Was gibt es Schöneres?

Kurz vor Leuk »fließt ein Berg aus«, der Illgraben, seine Steine und was noch dazu gehört stürzt in das Rottental. Ein Wald. Man fährt durch und ist im Valais. Französische Ortsnamen. Mit Sierre beginnt es und man ist im Paradies.

Oberhalb Visp hatten sie schon begonnen, die Rebberge mit den alten Rebsorten, die im 19. Jahrhundert nicht das Opfer der Reblaus geworden waren. Der »Heida« z.B., der fast am Schnee auf den höchsten Rebbergen Europas wächst. Ein wunderbarer Wein. Und der Petite Arvine, dessen Traubenbeeren kaum dicker sind als Johannisbeeren und aus denen ein milder, genüsslich zu trinkender Wein wird. Und natürlich der Malvasier und vor allem der Dôle, der mir schmeckt wie schwarzer Samt.

Eine Luftaufnahme zeigt das Tal des Rotten, der jetzt Rhone heißt und ganz gerade kanalisiert ist, bis weit in den Westen über Sion hinaus, das mit seiner Kirche wie ein Wächter über dem Tal thront. Weinberge so weit das Auge reicht, auf der Talsohle und am rechten, dem Südhang hinauf. Crans-Montana.

Ich bin einmal mit einem Freund und dem Pressechef der Schweizer Post hier gewandert. Wieder ein anderes Wandern, südlich, schon fast mediterran. Rote Weine haben wir versucht. Und gut gegessen haben wir. Die Rhone träumt hier zwischen zwei Zügen der Zentralalpen schon von der Provence und dann wachsen nicht mehr nur Reben, sondern Kirschen, Aprikosen und Pfirsiche und Birnen und Tomaten und Gemüse.
Dazwischen Fabriken und Outlets.

Aber ich bin beim ersten Mal damals nicht über Sierre weitergefahren. Wir wollten ja ins Val d'Anniviers. Zunächst ging es unendlich bergauf, während die Straße durch kleine Ortschaften voll traditioneller Häuser und Speicher führte: viereckige Fundamentsteine, darüber runde Granitscheiben – unüberkletterbar für Mäuse,

Ratten und wer sonst an die Vorräte will – und darauf aus verwittertem Arvenholz der Speicher.
Ich habe gelernt, dass früher das Brot, das bald steinharte Fladenbrot, in diesen Speichern aufbewahrt wurde. Es wurde nur wenige Male im Jahr gebacken. Mit frischer Butter eine Delikatesse, eingeweicht und hart.

Immer wieder taucht in der Schweiz die Rede auf von versprengten Hunnen, die nach der Schlacht auf den Katalaunischen Feldern sich in irgendeine Talschaft gerettet hätten: die Appenzell Innerrhoder, die in Wahrheit relativ spät aus dem Norden ins Land gerufene Alemannen sind, die rotbärtigen Mannen aus dem Schächental und die Bewohner des Val d'Anniviers. Bei denen liegt der Grund auf der Hand. Ihre eigentliche Heimstatt war nämlich das Tal, das Rhonetal. Und von da zogen sie jedes Jahr, wenn das Wetter es zuließ, hinauf in ihre Häuser im Val d'Anniviers, verschiedene Häuser auf verschiedenen Höhenstufen. Mit Möbeln und Vorräten, mit der Großmutter, Geißen und Kühen, mit Pfarrer und Lehrer, um dann im Herbst wieder hinunterzuziehen. Ja, bestimmte Arbeiten im Tal drunten – z. B. alles, was mit den Reben zu tun hatte –, wurden von oben her erledigt, d.h. die Menschen gingen dazu hinunter ins Tal.

Es gibt ein erschütterndes Dokument über die Lebensbedingungen, vor allem der Frauen im Val d'Anniviers: Adeline Favre: »Ich, Adeline, Hebamme aus dem Val d'Anniviers«.
Sie erzählt, wie die Frauen bis kurz vor der Niederkunft haben arbeiten müssen, wie schnell sie aus dem Wochenbett wieder zur Arbeit mussten und wie sie von den Männern bis kurz vor der Niederkunft und gleich danach wieder zum Verkehr gezwungen wurden. Ihr Leben war eine ununterbrochene Folge von Geburten und Aufziehen von Kindern.
Manchmal brachten die Frauen ihre Kinder während der Arbeit auf dem Feld zur Welt, legten das Kind ab und arbeiteten weiter.

Kirche von Saas Balen (Wallis)

Wieder beeindruckt mich, wie in anderen Teilen der Schweiz, die große Armut. Das konnte auch nicht die Schönheit des Tals gutmachen. Es ist gut zu wissen, dass heute der Tourismus doch erheblich zur Verbesserung der sozialen Lage beiträgt.

Für mich hat sich der Aufenthalt im Val d'Anniviers gelohnt. Ich habe die eher sanften Wanderwege um das Tal schätzen gelernt, z. B. den Weg und den Aufenthalt auf den Roc de la Vache, der sich 900 m senkrecht über dem hintersten Dorf im Tal erhebt. Es gibt da eingebettet in eine saftgrüne Matte ein kleines Seelein und rund darum herum wachsen die herrlichsten Bergblumen.
Oder der Weg von St-Luc hinauf auf den allerschönsten Aussichtsberg für Nichtalpinisten, die Bella Tola (3025 m).

Bei der Rückkehr vom Berg essen wir in einer kleinen Dorfbeiz eine Hirtensuppe. Und so wird sie gemacht:

Hirtensuppe

1 Knoblauchzehe, 300 g Spinat (oder Sauerampfer, Spinat und junge Brennnesselblätter gemischt), 150 g Speckwürfel, 1/2 l Milch, 1/2 l Bouillon, 4 Kartoffeln, 1 Hand voll Reis, Salz, Pfeffer, Oregano, Thymian, Schnittlauch

In einem Topf etwas Butter schmelzen und die Speckwürfel glasig werden lassen. Dann den gewaschenen und klein geschnittenen Spinat oder die klein geschnittenen Wildkräuter dazugeben sowie Knoblauch, Oregano und Thymian. Alles gut vermischen und etwas durchdämpfen lassen. Mit Milch und Bouillon ablöschen. Salzen, pfeffern.
Die Kartoffeln grob in die Suppe raffeln. Wenn die Kartoffeln fast weich sind, den Reis dazugeben und die Suppe nochmals 20 bis 30 Minuten köcheln lassen. Vor dem Servieren mit Schnittlauch bestreuen.

In Martigny macht die Rhone einen Richtungswechsel, fließt nun nach Nordwesten weiter. Und genau hier zweigt noch einmal ein Weg nach Italien ab: der Große St. Bernhard.
St-Maurice, wo eine ganze römische Legion als Christen den Märtyrertod gestorben ist und wo schon in der Mitte des 1. Jahrtausend die erste Wallfahrtsstätte der Alpen war. Die Kirchenschätze des 524 gegründeten Klosters sind absolut sehenswert.

Genau genommen ist das Wallis eine Welt für sich, bestehend aus einem ganzen Strauß kleiner Welten. Eine geistig-politische Distanz zur Innerschweiz und entsprechend schlechte Verkehrsverbindungen bedingen sich gegenseitig. Die römische Kolonisation brachte romanischen Geist in das Tal. Heute ist der frankofone Teil dem deutschen überlegen. Nach dem Zweiten Weltkrieg brachte eine lebhafte Industrialisierung wirtschaftlichen Aufschwung in den Kanton, der im Übrigen die Schweiz mit seinem Wein, seinem Obst und Gemüse versorgt.

*

Tessin

Es gibt wenige Ereignisse im Leben, die für mich mit den letzten Augenblicken bei der Ausfahrt aus dem Gotthard-Tunnel vergleichbar sind. Die künstliche Beleuchtung nimmt zu, das Tageslicht wird stärker und dann ist man im Freien. Airolo links, rechts das Bedretto-Tal. Die Straße ist wieder vierspurig und es geht das Tal hinunter. Tunnel. Die steilste Zahnradbahn der Welt bei Ambri-Piotta. Rechts schon die Einfahrt in die erste Autobahnraststätte des Tessin. Ein Militärflugplatz. Dahinter die Eisbahn des Schlittschuhclubs, dessen Eishockey-Mannschaft einen guten Namen im Tessin hat.
Dann geht es die drei klassischen Stufen der Leventina hinunter, von 1100 auf 300 Meter. Das erste Felshindernis Stalvedro ist oberhalb der Autobahnraststätte Gotthard auf der Autobahn nach Norden.

Dazio Grande heißt die zweite Geländestufe. »Dazio« = Zoll. Hier erhoben die Urner einen Zoll, um die enge Straße zu finanzieren. Dann kommen die hohen Brücken von Giornico, 1478 haben hier 12 Nordschweizer Kantone bzw. ihre Truppen gegen die 15-fache Über-

Ascona (Tessin)

macht der Mailänder gesiegt. Drei Kirchen – Santa Maria di Castello, ca. 12. Jahrhundert, San Michele, die Pfarrkirche mit einem spätgotischen Flügelaltar von 1517 aus San Nicolao, und schließlich eine der schönsten Kirchen des Tessin, San Nicolao selbst. Es lohnt sich auszusteigen.
In Biasca mündet das Bleniotal, das von Disentis über den Lukmanierpass kommt und eher wenig befahren wird. Für den Wanderer lohnt sich dieses Gebiet. Nicht zuletzt wegen einer der schönsten Kirchen der Schweiz, San Carlo di Negrentino (Schlüssel verlangen!)

In Biasca beginnt die Riviera, so heißt das Tal gegen die Hauptstadt Bellinzona zu. Dann liegt die großartigste Festung der Schweiz vor uns, Bellinzona mit drei Burgen. Eine kleine alte malerische Stadt. Bellinzona hat einst den Zugang zu den Pässen St. Gotthard, Lukmanier und San Bernardino versperrt. Als der König von Frankreich und der Herzog von Mailand um die Lombardei stritten, besetzten die Eigenossen 1503 die Burgen: Uri, Schwyz und Unterwalden. Seit 500 Jahren sind die Burgen von Bellinzona und damit die Stadt Bellenz in eidgenössischer Hand. 200 Jahre gehören sie den Tessinern.

Die Verwaltung durch die eidgenössischen Vögte war zwar sehr konservativ und sparsam knauserig, aber die Tessiner behielten ihre alten Rechte und Privilegien. Als Napoleon das Tessin zur cisalpinischen Republik schlagen wollte, bestanden die Tessiner darauf, in der Eidgenossenschaft zu bleiben.
Nun liegt das Locarnese vor uns mit dem Schweizer Teil des Lago Maggiore, mit dem Gambarogno, der fruchtbaren Magadino-Ebene, der zauberhaften Stadt Locarno, die ich als Ferienort allem vorziehe. Wenige Kilometer vor Locarno mündet das Verzascatal an den See mit seiner gigantischen Staumauer, wunderschönen Dörfern und Winkeln und Kathrins La Motta.

Das Tessin besteht aus zwei Teilen, die der normale Besucher aus dem Norden meist überhaupt nicht wahrnimmt. Er reist entweder durch, im Bestreben so schnell wie möglich die weiten Autobahnen Italiens zu erreichen, oder er bleibt in dem Teil des Tessin, der seinen Vorstellungen von Tessin entspricht: jene Mischung von rauem Norden, der seinen Ausdruck in Fels und Eis, in den Hochalpen findet und der so recht das Bild der Schweiz repräsentiert: der Vierwaldstätter See mit seinen malerischen Ufern von Luzern bis Flüelen und darüber hinaus. Die Orte und Dörfer an der Gotthardstraße und dann – heute durch die Autobahn dem Eindruck des Reisenden entzogen – das Hineinfließen dieses malerischen Nordens, dessen Farbe das Grau des Granit und das Braun der Balken ist, in den Süden. Das allmähliche Verschwinden der Gotthard-Häuser aus Stein und Balken über Faido hinaus. Die ersten Palmen, Häuser aus ungemauertem Granitstein und mit Granitplatten gedeckt, Felder und Wiesen mit Zäunen aus Granit, Kirchen, deren Granit im Laufe der Jahrhunderte verwittert ist, graubraune, schlanke Kirchtürme, denen man das Alter ansieht. Romanik. Enge Ortsdurchfahrten. Wilde Täler, in denen Riesen mit Steinen gespielt haben. Tiefe Gumpen voll abgründig grünem Wasser. Wasserfälle über Felswände hinab. Blumen des Südens. Palmen. Der See.
Ja, das macht diese Ferienlandschaft am Lago Maggiore aus. Wilde Landschaft, südliche Vegetation und als Kunststil die Romanik.
Wie anders sind die Landschaft, die Natur und die Ansiedlungen, wenn man über den uralten Monte Ceneripass ins Sottoceneri fährt. Für viele Ältere wird die Ortsbezeichnung Monte Ceneri noch an alte Radios erinnern, auf deren Stationenskala der Mittelwelle Monte Ceneri eine fremdartige Senderbezeichnung war. Nie hat man den mindesten Ton vom Monte Ceneri empfangen. Weder Musik noch Nachrichten. Noch heute stehen die Sendemasten. Weiß der Geier, was sie ausstrahlen.
Vom Pass ist es weniger als ein Kilometer und man ist im Malcantone. Die Häuser der Dörfer sind hier aus Back-

stein. Wie in Italien liegen sie an den Berghängen, wirken irgendwie zusammengekuschelt. Enge Gassen, freundliche Innenhöfe, bewohnt von fröhlichen, heiteren Menschen, denen die bäuerliche Schwere der Leute aus dem Sopraceneri fremd ist. Im Val Colla, im Valle Muggio, im Mendrisiotto: Kastanienwälder, Rebberge, fruchtbare Äcker. Dazwischen Lugano, Stadt mit internationalem Flair. Malerische Dörfer am See: Gandria, Morcote, Bissone. Kaum beachtet und doch so schön. Kirchen, in denen der Barock sich schier überschlägt.
Riva San Vitale, die älteste Kirche der Schweiz, die immer noch in Gebrauch ist. Das S.-Giorgiogebirge, massenhaft versteinerte Saurier. Über Chiasso und Stabio hinaus nach Como und Varese, in die Poebene, Tor nach Italien. Die Schweiz öffnet sich dem Süden.
Während die Urkantone den Südfuß des Gotthard in ihre Gewalt brachten – es war wichtig, den Pass auf beiden Seiten zu beherrschen – drängten italienische Herrschaften aus Mailand und Como in die entgegengesetzte Richtung.
Bis nach Bellinzona und seine Burgen herrschten Urner, Schwyzer und Unterwaldner mit Vogteien in den Tälern rund um den See, nachdem ihr Griff nach der Großmacht in der Schlacht von Marignano gescheitert war. Aus Italien kamen nicht nur Waren, sondern auch Lebensart. So z.B. die Formen anspruchsvollen Essens: Saltimbocca, Risotto, Osso buco, Vitello tonnato, Pasta jeder Art. Mit anderen Worten: Das, was heute als Tessiner Spezialität gilt, kam von Süden her ins Land. Auch z.B. die Polenta, der Maisbrei, der dem Besucher aus dem Norden arg, karg, wie Nachkriegszeit vorkommt. Tessiner meiner Generation haben mir erzählt, dass die tägliche Nahrung von gestern weitgehend aus warmer oder kalter Polenta bestanden habe. Ein Glas Geißenmilch und eine kalte Scheibe Polenta: das Frühstück. Polenta und etwas Geißenkäse, Pilze vielleicht, Gemüse zum Mittagessen und am Abend Polenta und manchmal ein Glas Wein.
Dabei ist die Polenta spät erst in die Täler des Sopraceneri gekommen. Davor stellten der Grano Sarazeno – der Buchweizen – und die Kastanien die Grundnahrungsmittel dar. Ein Sack Maronen war die Überlebensgrundlage für eine ganze Familie, wenn der Winter kam. Drei Sorten Kastanien gibt es: die wilden, die als Schweinefutter dienen, die kleinste Sorte, »Magret«, die man in großen Darren über dem Holzfeuer trocknete und dann in Säcken aus ihren Schalen schlug, und schließlich die kostbaren Maronen, die in Salzwasser eingelegt wurden, um zu prüfen, ob sie nicht wurmstichig waren. Schwammen sie nicht auf, so waren sie in Ordnung und wurden im Keller in feuchtem Sand praktisch über das ganze Jahr aufbewahrt. Als ich vor vielen Jahren zum ersten Mal in das Tessin kam, lag in unserer Ferienwohnung ein Papier, das darum bat, Kastanien im Wald liegen zu lassen, die Tessiner seien auf sie angewiesen.
Denn im Tessin herrschte bis nach dem Zweiten Weltkrieg, als der Landverkauf und der Hausbau Geld ins Land brachten, noch der Hunger und Auswanderung als Folge. Ob es nun der Kreml in Moskau ist oder die Peterskirche in Rom – immer waren Bauleute aus dem Tessin dabei. Es gab Dörfer, die für bestimmte Bauaufgaben geradezu spezialisiert waren und so zogen die Männer nach ganz Europa zur Arbeit. Tessiner waren bei der amerikanischen Landnahme im Westen dabei, hüteten Rinder und als der Goldrausch Amerika und Europa erfasste, da zogen Tessiner mit nach Kalifornien und an den Yukon und dann noch einmal nach Australien.
Manche gingen unter. Viele schickten der Familie regelmäßig Geld und kehrten reich heim. Immer war die Last der Familie, der zahlreichen Kinder von den Frauen zu tragen. Und so kommen die vornehmen Palazzi in kleine Dörfer an der Maggia, im Onsernonetal, im Verzascatal. Und sie brachten nicht nur Geld, sondern auch Lebensart mit.

Die grüne wilde Grenze zwischen Italien und der Schweiz eignete sich natürlich zu Zeiten, als der Zoll streng genommen wurde oder genommen werden musste, während und nach dem Zweiten Weltkrieg, für den illegalen Übergang. Mit anderen Worten: Es wurde geschmuggelt. Reis, Zucker nach der einen Seite, Zigaretten, Bohnenkaffee nach der anderen. Und Menschen nach beiden Seiten bis heute. Der Menschenschmuggel aus Italien in die Schweiz ist so stark, dass die Schweizer Armee in den letzten Jahren Einheiten für den Grenzdienst abkommandiert hat. In Auffanglagern werden die Albaner, Kosovaren, Bosnier, Kurden, Tamilen, die beim illegalen Grenzübergang erwischt werden, erfasst und laufen gelassen. Man kann nichts gegen die illegalen Einwanderer tun, die z. T. weiter wollen, nach Deutschland und in den Norden. Man lässt sie laufen, sie werden ein paar Tage später wieder eingefangen und laufen gelassen. Längst haben sie ihre Papiere weggeworfen. Sie werden es wieder probieren, bis es dann eines Tages gelingt, in die Schweiz zu kommen.

Während des Zweiten Weltkrieges war der Menschenschmuggel für viele eine Frage auf Leben und Tod. Ich habe an der Grenze bei Chiasso einen Geheimdienstmann der Schweiz kennen gelernt, der während des Krieges ein Haus in den Bergen bewohnte, das genau auf der Grenze stand. Er hat Hunderte, vor allem italienische Juden nach der Schweiz gebracht und so vor dem sicheren Tod gerettet. Natürlich hat er gut verdient. Er war auch beteiligt an der Aktion, mit der der Schweizer Geheimdienst den SS-General Wolff aus den Händen der italienischen Partisanen befreite, um ihn in Zivil durch die Schweiz nach Bozen zu bringen. Wolff war nämlich zur Kapitulation der deutschen Südarmee bereit, vor dem allgemeinen Kriegsende, was die »Alpenfestung« vor einer Atombombe bewahrte und den Krieg um Wochen verkürzte.

Ein besonderes Kapitel sei noch erwähnt: die Spazzacamini.

Immer, wenn der Herbst ins Tessin kam, haben gewisse Kaminkehrer kleine Buben als Spazzacamini in den Dörfern gesammelt. Im Verzascatal z. B., im Maggiatal, im Centovalli. Mit denen zogen sie in die Städte und Ortschaften Oberitaliens. Dann schallte der Ruf: »Spazzacamino« durch die Straßen. Die Hausbesitzer engagierten den Kaminkehrer mit seinen Buben. Die bekamen einen Sack über den Kopf und mussten durch die Kamine emporklettern. Mit ihren Körpern reinigten sie diese vom Ruß. Besonders begehrt waren bei den Kaminkehrern die kleinen schmächtigen Buben, die durch ganz enge Rauchabzüge emporklettern konnten. »Ihr müsst auf lockere Steine im Kamin achten«, sagten sie zu ihren Buben, »dort haben die reichen Leute ihr Gold versteckt«. Auf diese Weise taten die Buben ihre Arbeit besonders aufmerksam. Der Vater und der Onkel eines Tessiner Freundes waren noch Spazzacamini.

Im Frühjahr kehrten die Kaminkehrer heim und die Eltern erhielten ihren Teil an den Einnahmen des Winters.

Die alten Zeiten sind auch im Tessin vorbei. Das Tessin ist städtisch geworden. Die wenigen Bauern, die noch von Landwirtschaft leben, können das nur tun, weil ihre Geißenhaltung z. B. subventioniert wird. Das Tessin ist vor allem touristisch geworden.

Ein Großteil der Bevölkerung lebt direkt oder indirekt von den Touristen. Das hat allerdings auch Nachteile. Der Gambarogno z. B. hat etwa 600 ständige Bewohner. Aber in der touristischen Hochzeit sind – wenn auch nicht gleichzeitig – rund 150.000 Fremde zu bewältigen.

D. h., die 600 müssen für die Infrastruktur (Wasser, Abwasser, Strom, Straßen, Straßenbeleuchtung) der 150.000 aufkommen und Steuern bezahlen. Natürlich verdienen sie auch an ihnen.

Eines muss hier erwähnt werden: Heute ist in diesem katholischen Kanton die Geburtenrate auf 9 Kinder pro 1.000 Einwohner gesunken. Und die jungen Tessiner suchen sich ihre Arbeit in der Innerschweiz, um von da nie mehr zurückzukehren. Das Tessin stirbt langsam aus.

Graubünden

Vielleicht ist das kein Zufall, dass unser letztes Kapitel dem größten Kanton, was die Fläche betrifft, gewidmet ist, nämlich Graubünden. Er hat zugleich mit die wenigsten Einwohner pro Quadratkilometer, nämlich 26, während in der gesamten Schweiz im Durchschnitt 160 Einwohner pro Quadratkilometer wohnen. Er ist sicherlich der vielfältigste Kanton. 150 Täler soll er haben und von seinem höchsten Punkt, dem Piz Bernina mit 4049 Metern, ist der tiefste Punkt mit ganzen 294 Metern in Roveredo, im Misox, nicht weit entfernt.

Seine Flüsse fließen in drei Meere. Der Inn in die Donau und in das Schwarze Meer, die Maira des Bergell in den Po und in das Mittelmeer, der Rhein in den Atlantik.
In den hochgelegenen Regionen herrscht sieben bis acht Monate lang Winter, in den Tälern Südbündens sieben bis acht Monate mildes Klima, Sommer, wo Feigen, Zitronen und Palmen gedeihen.

Grundsätzlich ist der Kanton dreisprachig. 65% der Einwohner sprechen deutsch (davon wieder die im 13. Jahrhundert eingewanderten Walser einen anderen Dialekt als die Alemannen, die vom Bodensee und aus Süddeutschland vor Zeiten eingewandert sind), 17% rätoromanisch, 11% italienisch und knapp 7% andere Sprachen.

Das Rätoromanisch Graubündens ist seit Februar 1938 eine der offiziellen Sprachen der Schweiz wie Deutsch, Französisch und Italienisch. Aber das Rätoromanisch ist seinerseits in Graubünden wieder in fünf unterschiedliche Sprachen unterschieden. Da ist das Sursilvan, das im Vorderrheintal gesprochen wird. Das Sutsilvan, das am Oberhalbstein und schließlich das Surmiran, das im Albulatal gesprochen wird. Das Ladinische schließlich, das als Puter im Oberengadin anders klingt als das Vallader des Unterengadin. Und unglücklicherweise sind diese Sprachen z. T. so unterschiedlich, dass die Bündner gezwungen sind unter Umständen auf Deutsch auszuweichen, wenn sie miteinander reden wollen.

Wer die ursprüngliche Bevölkerung Graubündens war, die Räter, wissen die Wissenschaftler bis heute noch nicht. Vielleicht waren sie mit den Etruskern verwandt, die aus Kleinasien nach Europa eingewandert sind. Jedenfalls kamen 400 v. Chr. die Kelten dazu und vermischten sich mit den Rätern. Die nächsten waren die Römer 15 v. Ch. Sie gründeten die Provinz Rätia, die im Norden bis zum Limes reichte, im Süden ins Veltlin, im Westen bis zum Gotthard und im Osten gehörig weit ins heutige Österreich hinein. Mit den römischen Soldaten kamen Beamte und Händler, kam römischer Alltag und seine Kultur. Sie sprachen Latein, wenn auch nicht gerade das Latein der Literatur. Dieses Latein vermischte sich mit Rätischem, Keltischem und so entstanden aus der Vermischung die verschiedenen rätoromanischen Sprachen, so wie andernorts unter dem Einfluss des Soldatenlatein das Spanische und das Französische sich zu entwickeln begannen. Nach den Römern kamen die Alemannen und schließlich im 13. Jahrhundert die Walser, die sich vom Wallis her auf den Weg die Rhone hinauf und den Rhein hinunter gemacht hatten.

Aber jetzt sind wir schon fast an dem Punkt, wo man in Kürze sagen muss, warum dieses Land »Graubünden« heißt. Es stand zunächst unter der Herrschaft der Bischöfe von Chur und war Teil des Heiligen Römischen Reiches Deutscher Nation bis zum Untergang der Staufer 1268.

Als die Ordnung des Reiches zerbrach, gleichzeitig aber Habsburg drohte, sich das Land einzuverleiben, schlossen sich zunächst das Domkapitel, die Stadt Chur, das Domleschg, Schams, Oberhalbstein, das Unterengadin und das Puschlav zum Gotteshaus-Bund zusammen. Wenig später entstand unter Leitung des Abtes von Disentis der obere oder graue Bund, zu dem Rhäzüns, das Misox, Sargans, Hohentrins, Obersaxen, Vals, Flims und Laax gehörten. Praktisch das ganze Vorderrheintal. Schließlich entstand noch der kleine Zehngerichte-Bund mit Davos, Klosters, Castels und Schiers, Malans, Maienfeld, Belfort, Churwalden, Außerschanfigg und Langwies.

Die drei Bünde vereinigten sich 1471, damit war der Bündner Freistaat geboren.
Die vereinigten Bündner, Herren über wichtigste Alpenpässe, bemühten sich auch, entsprechenden Zugang auf der Südseite der Alpen zu gewinnen. So besetzten sie die mailändischen Landschaften des Veltlin, Bormio und Gebiete am oberen Comer See.

Was jetzt kam, waren Kriege und Eroberungen, der Kampf um die Macht in Bünden, der schließlich in den 30-jährigen Krieg mündete, in den die Bündner insofern involviert waren, als Österreicher und Spanier einerseits, Franzosen andererseits um die Zugänge und Verbindungsstraßen zwischen Oberitalien und Österreich kämpften.

Ein gewisser Jürg Jenatsch spielte in diesem Zusammenhang eine Rolle.
1648 beseitigte der Westfälische Friede die letzte Bindung Graubündens an das Deutsche Reich.

Das 18. Jahrhundert brachte erneuten Krieg. Neue Feldzüge, der Kampf, die Auseinandersetzung Napoleons und Frankreichs mit Österreich und den verbündeten Staaten. Im Jahr 1800 war wieder Friede. Ein Jahr später befahl Napoleon die Eingliederung Rätiens in die Eidgenossenschaft unter einem neuen Namen: Graubünden.
Seit 1803 gehört Graubünden zur Eidgenossenschaft.

Graubünden. Ein wunderschönes Land, das sich neuerdings den Slogan »Die Ferienecke der Schweiz« zugelegt hat.
Es ist wahr. Auch wenn das Berner Oberland und das Wallis Orte von großer Schönheit haben, dieses Graubünden übertrifft eigentlich alles andere. Es sind nicht nur die Schneeberge, die Arvenwälder und die grünen Matten, es ist eine besondere Art des Lichtes, das man sonst vielleicht einmal im Herbst andernorts findet. Für Graubünden und seine Täler und Berge ist es die Regel.

Wenn ich nach Graubünden fahre, dann tue ich das meistens durch das Sarganserland, am Walensee entlang, mit seiner malerischen Schönheit, sozusagen als eine Einstimmung in das, was jetzt kommt. Ich hab mich zu entscheiden, ob ich in Bad Ragaz über St. Luzisteig in das kleine und doch so schöne Liechtenstein hineinfahren oder irgendwo zwischen Maienfeld, Malans und Landquart den wunderbaren Wein probieren will. In diesem nördlichsten Zipfel von Graubünden, der zugleich einer der klimatisch bevorzugten Zipfel ist, wächst nämlich ein hervorragender Wein.
Der rote Wein, der hier in der so genannten Bündner Herrschaft produziert wird, ist in der ganzen Schweiz begehrt. Wieso Bündner Herrschaft?
Die Herren von Maienfeld und Aspermont waren im Hochmittelalter die Herren über zwei Weinbaugebiete mit den Orten Fläsch, Malans und Jenins. Die Herren kamen, wie es so geht, in Geldnot und boten ihre Herrschaften zum Kauf an. Da haben die wackeren Bündner zugeschlagen und haben sich die Herrschaftsrechte gekauft. Ein Bündner Landvogt herrschte von da an in Maienfeld über die Geschicke der Herrschaft, die zur Weinstube Graubündens wurde. Dabei möchte man, wenn man durchfährt, gar nicht meinen, in der Schweiz und gar in einem Gebirgskanton zu sein. Die sanften Rebberge im Wechsel mit Obstplantagen und freundlichen kleinen Dörfern lassen viel eher an eine Landschaft am Rhein denken.
Aber halt, dies ist ja eine Landschaft am Rhein, denn der junge Rhein fließt ja unmittelbar daran vorbei. Könnte es sein, dass er sich diese Vorahnung künftiger Herrlichkeit hier herauf geholt hat?

In Landquart geht schon wieder eine Straße ab, die mich zu folgen verlockt, die Straße in das Prättigau. Ein wenig viel befahren, aber umso schöner sind die Dörfer daran. Fideris kommt mir in den Sinn und ein äußerst angenehmes Gasthaus und Serneus mit seinen wunderschönen alten Häusern.
Es war ein Vorfrühlingstag. Ein später Schnee war in der Nacht gefallen. Die Sonne schien warm, von den Dächern tropfte es. Es lag ein leichter Dunst zwischen den Häusern, dort wo sich die warme Luft über dem Schnee abkühlte. Auf den kleinen Straßen war Alltag. Hausfrauen gingen in den kleinen Laden zum Einkaufen. Kinder warteten auf den Schulbus, Bauern fuhren mit ihren Gefährten zum Heuholen an die Scheunen. Eine Katze suchte sich hochbeinig einen Weg zwischen den Pfützen. Es war schön, Zeit zu haben, um in der Sonne zu sitzen und zu träumen.

Und Klosters. Ich kehr da gern ein, es liegt so praktisch an meiner Strecke, wenn ich übers Münstertal nach Südtirol will, beispielsweise. Seit wenigen Jahren fährt man hier durch auf dem Weg ins Unterengadin, denn gleich hinter Klosters beginnt der Vereina-Tunnel, wo man sein Auto verladen kann und dann geht es durch den Berg hinüber nach Susch und das liegt schon an der Straße durchs Engadin. Da hat man früher erst durch Davos fahren müssen und von dort auf den Flüelapass.
Überhaupt Davos. Wenn man von Klosters her über die Höhe kommt und an den kleinen See, da möchte einem dieses Davos schon gefallen, aber wenn man dann hineinfährt, dann erlebt man die Mischung von Kleinstadt und Geschäftszentrum mit Hektik und Parknot. Wo ist das Flair des Alpenorts geblieben, das Herz? Insofern trägt natürlich Davos das Schicksal anderer Tourismuszentren.
In Davos fand eine Art Weltwirtschaftsgipfel statt und wird auch wieder stattfinden. Ich kann mir vorstellen, dass Davos durchaus für diese internationale Veranstaltung den angemessenen Rahmen bietet. Ich stelle mir die Großen der Welt vor, die zum Kongress eilen und ihre Bodyguards und die Polizisten aus der halben Schweiz, die nach Davos kommandiert wurden, um den Bündner Kollegen auszuhelfen und Gruppen der Schweizer Armee, die aus demselben Grund hier sind. Ja, dann passt Davos.

Aber meistens fahre ich an den Herrlichkeiten der Bündner Herrschaft vorbei und auch der Weg durch das Prättigau wird von mir links liegen gelassen. Ich bin auf dem Weg nach Süden. Die nächste Station an der Autobahn ist die Hauptstadt Graubündens, Chur. Eine angenehme Stadt, in der ich gerne wohne, wenn es sich ergibt, und in der ich gerne durch die Straßen bummle. Reiz einer alten und doch quicklebendigen Stadt. Ein eigenartiges Phänomen von Chur ist, dass die Stadt evangelisch ist, so wie der größte Teil von Graubünden sich zur Reformation bekannt hat, nicht zuletzt aus politischen Grünen. Der Dom aber und der Bischof, der hier seinen Sitz hat, sind katholisch geblieben. In der Sakristei des Doms zeigt man das, was Jürg Jenatsch als Kleider getragen hat, als er ermordet wurde.

Von Chur geht es mit der Eisenbahn durch das Schanfigg hinauf nach Arosa, die Heimat von Kathrin. Als ich das erste Mal Arosa besuchte, kehrte ich in einem kleinen Gasthaus ein und aß die von mir so geschätzte Bündner Gerstensuppe. Dazu trank ich ein Glas, na was denn, roten Wein aus der Bündner Herrschaft. Ich mag vielleicht eine Stunde gesessen sein. Als ich wieder auf die Straße hinaus ging, da schneite es, veritable dicke, weiße Flocken und es war genau der 22. Juni.
Einen Monat später haben wir in Arosa gefilmt, den Film über Kathrins Heimat und Jugend. Und was soll ich Ihnen sagen, natürlich hat es wieder geschneit. Aber wir hatten auch einige Sonnentage. Bestimmt!
Arosa liegt nach der Karte 1775 Meter hoch. Die Berge, die den Ort umstellen, sind so gut wie alle über 2000 Meter hoch und hier kann eben zu jeder Jahres-

zeit der Winter seine Boten ausschicken.
Wir haben auch in einem Maiensäß gedreht, also einem kleinen Weiler, in den in früherer Zeit die Bauern von Arosa mit ihren Kühen hinaufgezogen sind, bevor sie dann auf die eigentlichen Almen gingen, und wo sie bei der Rückkehr von dort im Herbst auch wieder Station machten. Medergen, eine Hand voll Häuser, soll ich sagen Hütten?, aus wettergegerbtem dunklem Holz. Vor Tannenwald, umgeben von blühenden Matten und dahinter und weit drüben über dem Tal Berge mit Schneekappen: Schweiz, wie man sie sich vorstellt.

Eine heitere ältere Bäuerin aus Arosa erwartete uns und eine Musikgruppe mit Schweizerörgeli und Bass, die muntere Musik aus Arosa spielte. Die Bäuerin zeigte uns alte Handarbeiten – Tischdecken, Bettüberwürfe, Kissenüberzüge – und dann saßen wir vor ihrem Haus in der Sonne, die hier Gott sei Dank schien, aßen Speck und Brot und tranken roten Wein. Kathrin erzählte Geschichten von ihrem Vater, der hier in Arosa Bauer und Hotelier war und den die Bäuerin durchaus noch gekannt hatte.
Wir haben das aufgenommen: Kathrins Herkunft. Man muss das kennen, um sie zu verstehen.

Prätschsee bei Arosa (Graubünden)

Andere Bilder aus Graubünden fallen mir ein: Unterwegs im Nationalpark. Der Nationalpark: 169 Quadratkilometer Berg und Tal und Wald und Matten und Wildnis. Sich selbst überlassen. Keine Säge und keine Axt dürfen hier benutzt werden und natürlich auch kein Gewehr. Auch die Tiere sind sich selbst überlassen, dürfen leben, wie es ihre Art ist. Und die Blumen sind natürlich geschützt. Eine Straße führt mitten durch. Kilometerweit Bäume, Wald, Urwald. Die Panamericana in Alaska kommt mir in den Sinn. Stellenweise erinnert mich die Ofenpassstraße im Nationalpark daran.

Eines der eindrucksvollsten Panoramen liegt gar nicht im Park. Es ist der Blick zurück, wenn man den Ofenpass erreicht hat: Die Berge schroff, felsig, zum Teil bewaldet, dazwischen ein wildes Flusstal, wo man dem Flusslauf ansieht, dass er tun darf, was er will, eine Ebene wie Prärie. Kein Haus, keine Hochspannungsleitung, nichts, was vom Menschen stammen könnte.

Mit einem der Parkranger unterwegs zum Munt La Schera. Die Wagen bleiben auf einem Parkplatz bereits außerhalb des Parkes stehen. Wir gehen über ei-

Blick vom Ofenpass (Graubünden)

Haus in Bondo (Graubünden)

ne weite Matte zur anderen Talseite. Die Stelle heißt Buffalora. Beim Gehen fallen mir kleine silberne Blumen auf. Viele. Die Matte ist voll davon. Beim näheren Hinsehen stellen sie sich als Edelweiße heraus. Dabei sind wir noch gar nicht im Park. Eine Alphütte, die Alp Buffalora. Wir steigen höher, durch Arvenwald zur Alp Marangun und dann brauchen wir eine endlose Zeit, denn der Hang ist voll der schönsten und rarsten Alpenblumen. Und natürlich, der Ranger kennt sie und macht uns darauf aufmerksam. Und mein Kameramann muss sie alle aufnehmen und das kostet Zeit. Auf der jenseitigen Talseite liegt über dem Arvenwald die Höhe Margunet. Dort wurden Geier ausgesetzt. Wir versuchen mit dem Feldstecher ihre Flugversuche zu beobachten, haben aber kein Glück. Offenbar sind die Geier nicht daheim, ausgeflogen, was sie ja sollen.

An der Parkgrenze verlässt uns der Ranger. Das Gebiet mit den schönsten Blumen liegt bereits hinter uns. Es bleibt noch der Weg und die Landschaft. Wir steigen hinauf auf den Gipfel des Munt de Schera, finden Büschel von Edelweiß und der raren Silberwurz und dann können wir praktisch den ganzen Park überblicken, unter uns liegt der Stausee von Livigno und im Süden reicht der Blick vom Ortler bis zu den Firnen der Bernina. Wir steigen ab, über Matten zunächst und dann durch Legföhren zur Alp La Schera. Wir stillen unseren Durst mit einem wunderbar frischen Wasser und dann kommen wir von den Murmeltieren nicht los, die als große Kolonie auf der Matte spielen. Sie haben Junge. Wir versuchen mit der Kamera, ihnen so nah wie möglich zu kommen.

Durch lichte Bergföhren zunächst und dann durch Mischwald führt unser Heimweg. Ein riesiger Ameisenhaufen fasziniert uns für eine Viertelstunde und ein Rudel Hirsche, das jetzt am Abend auf die Weide zieht. Schließlich sind wir am Gasthaus Il Fuorn, dem einzigen im Park. Während wir auf den Bus warten, der uns zu unseren Autos bringt, beobachten wir am Hang über der Straße einen Hirsch mit gewaltigem Geweih.

Ein anderes Bild. Bei anderer Gelegenheit. Das Münstertal. Val Müstair. Wir sind vom Ofenpass ins Tal hinunter gefahren. Vorbei am Hauptort des Tales, Santa Maria und der Abzweigung der Straße, die hinauf zum Umbrailpass führt und zum Stilfser Joch nach Bormio, das einmal Bündner Kolonie war und Worms (!) hieß, und ins Veltlin, noch eine Bündner Kolonie und natürlich auch in den Vinschgau und Meran. Aber das kann man viel einfacher haben. Wenn man das Münstertal hinausfährt, dann erreicht man den Vinschgau auch ohne Passüberquerung. Und man kommt kurz vor der Grenze an einem europäischen Kunstschatz ersten Ranges vorbei: dem Kloster Müstair.

Karl der Große soll es begründet haben und auf seine Zeit gehen die architektonischen und künstlerischen Anfänge zurück. Man macht sich Gedanken, was Karl mit diesem entlegenen Winkel im Sinn hatte. Aber allzu weit liegt dieses Müstair ja nicht von der Italienroute über den Reschenpass und durch den Vinschgau entfernt. An Müstair vorbei gibt es außer dem Ofenpass noch wenigstens zwei Pässe, die man im Notsprich Kriegsfall benutzen konnte. Also war das Kloster als Stützpunkt strategisch durchaus interessant.

Wie üblich war Müstair zunächst ein Benediktinerkloster, aber als es mit dem Kloster arg bergab gegangen war, schon im Mittelalter, verwandelte es einer seiner Herren in ein Frauenkloster und das ist es bis heute.

Eindrucksvoll liegt der Klosterbau am Ende der Ortschaft. Ich trete durch einen hohen Torbogen ein und stehe im Hof eines bäuerlichen Betriebs. Freundliches Durcheinander. Ein Traktor zieht einen Heuwagen durch das hintere Tor. Durch die offene Tür eines Stalles sehe ich wohlgenährte Kühe. Die Stallungen und Scheunen stammen aus unseren Zeiten. Dann finde ich den Eingang. Die Treppe signalisiert Barock. Ich melde mich an und werde von der Äbtissin empfangen.

Eine feine vornehme Dame. Sie spricht das Hochdeutsch mit dem Akzent des Münstertales. Ich trage ihr meinen Wunsch vor: in der Kirche zu filmen, möglichst mit den Nonnen des Klosters beim Chorgebet.

Sie hat Bedenken. Ich ziehe alle Register, erzähle von den vielen Klöstern, in denen ich schon gefilmt habe, auf dem Athos, im Sinaikloster... Sie will mit dem Konvent sprechen und mich am anderen Tag ihre Entscheidung wissen lassen. Vorläufig zeigt sie mir ihr Kloster. Auch die allerältesten Teile. Und dann die Kirche! Es heißt von ihr, sie sei die schönste karolingische Kirche der Schweiz. Und der Zufall will es, dass zwei der Apsiden der Kirche mit den schönsten Fresken eingerüstet sind und die Fresken renoviert werden. Zunächst stehe ich enttäuscht und dann erkenne ich, welche Chance mir da geschenkt wird. Wir können auf den Gerüsten filmen, direkt an den Fresken. Wer hatte je eine solche Möglichkeit.

Und so geschieht es. Zwei Freskenebenen liegen übereinander. Zuunterst die Fresken aus karolingischer Zeit, byzantinische Maler haben sie geschaffen: die Leidensgeschichte des Herrn. Sie wirken überraschend modern. Und darüber – für unsere Augen weit altertümlicher – die Fresken aus romanischer und gotischer Zeit.

Das Hauptbild in der mittleren Apsis: Das Fest des Herodes, bei dem Johannes der Täufer geköpft wird: Musikanten, Tänzer, die Vornehmen am Tisch des Herodes, die tanzende Mariamne, Johannes, die Henker.

Zwischen zwei Apsiden steht aus Gips eine monumentale Gestalt. Es ist Karl der Große, wahrscheinlich errichtet, nachdem Karl heilig gesprochen war. Ebenfalls aus Gips, aber aus der Anfangszeit, eine Taufszene im Jordan. Diese Kirche ist Johannes dem Täufer geweiht.

Die Nonnen haben sich auf der Empore versammelt, dem Ort ihrer Gebete. Sie singen die Vesper. Eine der Nonnen gefällt meinem Kameramann besonders gut: eine wunderschöne Frau. Ich werde Mühe haben, den singenden und betenden Konvent so zu montieren, dass alle Nonnen gleichmäßig oft zu sehen sind.

Wieder ein anderes Bild. Jahre später.

Wir fahren mit dem Wagen von St. Moritz her über den Berninapass. Vorbei an Pontresina.

Es ist noch früh im Jahr. Auf der Passhöhe liegt noch Schnee. Natürlich ist die Fahrbahn schwarz geräumt, wie man in der Schweiz sagt und wie es bei viel befahrenen Straßen in der Schweiz üblich ist – selbst die Straße ins Verzascatal ist nach einem Schneefall innert Stunden »schwarz«, aber die Schneewälle auf der Straßenseite sind so hoch, dass man nichts von der nächsten Umgebung sieht. Wir fahren über die Passhöhe und dann geht es bergab. Die Schneewälle werden niedriger, man kann bereits ins Tal schauen, das dunkel zwischen all den Schneehängen und Schneegipfeln gähnt. Kurven. Aussichten. Wald, der bald ohne Schnee ist. Eine Talaue mit einem Dorf und einer freundlichen Kirche. Die Straße wird eben und führt hinein in das Ziel unserer Fahrt: Poschiavo, zu Deutsch Puschlav. Enge Straßen, eine alte Kirche, ein freundlicher Platz, gastfreundliche Hotels. Freundliche Menschen. Von hier gingen früher die Maultierkarawanen mit Fässlein voll Veltlinerwein über die Bernina zu den durstigen Bündnern. Und es gab Bündner, die schworen auf diesen Wein, der über den Berg »geschüttelt« wurde.

Man fühlt sich wohl und geborgen in diesem Puschlav. Ich stelle mir den Winter vor, wenn es nur die verschneite Straße und die Eisenbahn gibt, hinüber in die »Rest«schweiz. Überhaupt die Eisenbahn, die Berninabahn. Sie ist ein Teil der rhätischen Bahn und wie mir scheint ihr bestes Stück. Die Fahrt von Pontresina nach Poschiavo ist von einzigartiger Schönheit und ein technisches Meisterstück. Der Höhepunkt ist ganz unten, kurz bevor die Eisenbahn Italien erreicht. Dann verliert sie (oder gewinnt sie, je nachdem) in einer frei aufgemauerten 360-Grad-Kurve Höhe.

In Poschiavo bewundern wir jene überaus eleganten Häuser, eine ganze Straße lang, die sich Zuckerbäcker aus Poschiavo nach ihrer Rückkehr aus Spanien mit dem verdienten Geld gebaut haben.

Und schließlich lernen wir noch einen Jungbauern kennen, der eine besondere Nische entdeckt hat. Auf weiten Feldern direkt am kleinen See von Poschiavo baut er Heilkräuter an. Wir schauen bei der Ernte zu. Es wird mit besonderen »Spinatsensen« gemäht. Eine bestimmte Fabrik, die Schweizer Kräuterbonbons herstellt, hat hier ihre Ausgangsprodukte her.

Noch einmal ein anderes Bild. Heiner und ich fahren vom Malojapass das Bergell hinunter. Wie beim Puschlav ist das ein Eintauchen in den Süden. Unser Ziel ist Soglio, das wunderschöne Dorf über dem Tal, wo es schon fast zu Ende ist. Zunächst kommen wir bis zu dem Parkplatz, auf dem Besucher ihre Wagen abstellen müssen. Das tun wir und machen uns dann auf den Weg in das wunderschöne alte Dorf. Das Hotel, in dem zu wohnen wir uns vorgenommen haben, hat an diesem Nachmittag einfach zu. Ein anderes, das sich rühmt, ein Palast derer von Salis zu sein, gefällt uns nicht. Schon sind wir wieder am Wegfahren, da lockt uns ein Wegweiser zu einem modernen Hotel über dem Dorf: Es ist genau das, was wir uns gewünscht haben. Ein wunderschönes modernes Bündnerhaus mit Graffiti auf der Fassade. Tief eingelassene Fenster wie Schießscharten, Arvenholz als Innenausstattung und großzügige Zimmer. Auf der Terrasse sitzen wir vis-à-vis zum Dorf und zu der unglaublichen Bergkulisse des Bergell, der Pizzo Badile und seine Berggenossen, mit die schönsten Berge, die ich kenne. Wir trinken Wein aus dem Veltlin, jenen Wein, den die Graubündner seit Jahrhunderten als »ihren« Wein betrachten und um dessentwillen sie den Verlust des Veltlin so bedauern. Der Wirt, ein überaus freundlicher Mann setzt sich zu uns. Wir sprechen über das und jenes, auch über unser Interesse an der Küche des Tales. »Ich wird' euch was Besonderes kochen heute Abend.«

Und dann gibt es eine unvergleichliche Kastaniensuppe, dann Panzarotti mit Käsefüllung und eine herrliche Tomatensoße, Lammrücken nach Bergeller Art (Rezept Seite 131).
Und natürlich Veltliner und zum Schluss ein Stück Bergeller Nusskuchen (Rezept Seite 173). Den hat die Frau des Wirts gebacken. Ein Traum.

Kastaniensuppe

5 EL Kastanienpüree (kann auch schon gesüßt sein), 1 EL grob gemahlener schwarzer Pfeffer, 1 EL Butter, 1/2 l Hühner- oder Gemüsebrühe, 1/4 l Sahne, 12 geschälte Maronen, frisch geschnittenes Basilikum, 1 Prise Salz, Zucker nach Belieben (falls das fertige Püree bereits gesüßt ist, fällt der Zucker natürlich weg)*

Die Butter schmelzen und den gemahlenen Pfeffer darin angehen lassen. Mit der Brühe ablöschen. Das Kastanienpüree dazugeben. Zusammen mit Zucker (s.o.) und einer Prise Salz ungefähr 10 bis 12 Minuten köcheln lassen.
Die geschälten Maronen in Salzwasser ca. 10 Minuten kochen. Davon in jede Suppentasse 3 Stück legen. Die Suppe mit Sahne verfeinern und in die vorbereiteten Suppentassen verteilen.
Vor dem Servieren Basilikumblätter darüber streuen.

*wenn kein Kastanienpüree erhältlich ist, kann es wie folgt hergestellt werden: getrocknete Kastanien über Nacht einweichen (Einweichwasser wiederholt wechseln), am nächsten Morgen abschütten und in Salzwasser ca. 10 Minuten weich kochen. Dann mit dem Mixstab pürieren und durch ein Haarsieb streichen.
Es gibt im Handel auch vakuumverpackte, vorgekochte Kastanien. Diese werden in der Küchenmaschine püriert und ebenfalls durch das Haarsieb gestrichen
Hat man frische Kastanien zur Verfügung, so werden sie geschält (braune Schale und bittere Haut), weich gekocht und wie oben behandelt. Genauso verfährt man mit tiefgefrorenen rohen Kastanien.

Panzarotti (Gefüllte Pfannkuchen nach Bergeller Art)

Pfannkuchen: *300 g Mehl, 3 Eier, 1 TL Salz. 300 ml Milch, 300 ml Wasser*

Füllung: *3 EL Butterfett, 3 EL Mehl, 400 ml Milch, 200 ml Bouillon, Muskatnuss zum Reiben, 250 g geriebener Parmesan-Käse, 150 g gekochter Schinken (fein geschnitten), Salz*

Tomatensauce: *2 EL Butterfett, 1/2 Zwiebel (fein gehackt), 2 Knoblauchzehen (fein gehackt), Rosmarin, Basilikum, Thymian, Liebstöckel, Oregano, 400 g Pelati (Tomaten in Dosen). 2 EL Tomatenmark, 400 ml Bouillon*

Und so wird's gemacht:
Pfannkuchen: aus Mehl, Eiern, Milch, Wasser und Salz einen Teig herstellen und 30 Minuten ruhen lassen. Danach 12 dünne Pfannkuchen backen und warm stellen.
Man kann die Zeit, während der Teig ruht, benutzen, um Füllung und Tomatensauce herzustellen:

Füllung: Die Butter schmelzen lassen und das Mehl unter Rühren hineingeben. Wenn es nach Brot riecht, unter ständigem Rühren die Milch dazugeben, danach die Bouillon. Mit Muskat würzen und 15 Minuten köcheln lassen. Danach den geriebenen Käse und den fein geschnittenen Schinken darunter heben. Falls nötig, noch etwas nachsalzen.

Tomatensauce: Die Zwiebel, die Knoblauchzehen und die fein gehackten Kräuter in Butterfett dämpfen. Dann Pelati und Tomatenmark dazurühren und mit Bouillon ablöschen. 30 Minuten köcheln lassen.

Die Pfannkuchen mit je 1 bis 2 EL Füllung bestreichen und zusammenklappen, sodass ein Halbmond entsteht. Diese Halbmonde in eine ausgefettete Gratinform dicht nebeneinander legen. Dann mit der Tomatensauce übergießen und die Gratinform im auf 220 Grad vorgeheizten Backofen für ca. 20 Minuten überbacken.

Graubünden. Das letzte Kapitel unseres Buches. Kein Zufall. Ich habe mir das Beste bis zum Schluss aufgehoben. Merkt man's, dass ich diesen Teil Schweiz besonders liebe?

Dabei habe ich Graubünden ganz zum Schluss erst kennen gelernt. Die großen Namen der Tourismuszentralen haben mich geschreckt und die Leute, die gewöhnlich eben dort hingehen. Aber Sie haben sicher gemerkt, die Schönheit Graubündens liegt irgendwo anders. Sie zu finden ist kaum eine Geldfrage.

Schloss Tarasp (Graubünden)

Teil II

Rezepte von Kathrin Rüegg

Vorwort von Kathrin Rüegg

»Nichts leichter als das« – ein Kochbuch mit Rezepten aus »meiner« Schweiz. Mit Feuereifer sind Werner und ich hinter unzähligen alten Schweizer Kochbüchern gesessen, haben wir (d. h. Werner, seine Assistentin Annette, ich und meine Mitarbeiterinnen im Tessin) Rezepte ausgesucht, ausprobiert und schließlich die Sendungen über einzelne Regionen der Schweiz gemacht. Bei den kleinen Einspiel-Filmen über die Regionen war ich kaum dabei. Werner wollte sich sein eigenes Bild machen.
Und jetzt stelle ich fest, dass gewisse Regionen in diesem Buch viel zu kurz gekommen sind, z. B. die Ostschweiz, die Nordostschweiz, z. B. der Jura, dass ich bei den Bündner Rezepten etwas »überbordet« habe (Kunststück: Da musste ich nur auf die handschriftlichen Kochhefte meiner Großmutter und meiner Tanten zurückgreifen). Kurzum: Dieses Buch ist in Anlehnung an unsere »Großmutter«-Sendung entstanden und erhebt keinerlei Anspruch auf Vollständigkeit.
Bei gewissen Rezepten hatte ich Schwierigkeiten, sie der richtigen Gegend zuzuweisen. Wenn ich z. B. die Rösti zum Zürcher Geschnetzelten einreihe (weil Rösti dazu einfach gehört), werde ich die Berner verärgern, von denen ich einige kenne, die die »Erfindung« der Rösti (Bärner Röschti!) für sich beanspruchen. Aber ein Zürcher Geschnetzeltes mit Bärner Röschti geht auch nicht.
Also nichts mit »nichts leichter als das«.
Was mir erst jetzt auffällt: Rezepte mit Lauch, Weißkohl (Chabis) gibt es zuhauf. Kunststück: Das sind Gemüse, die auch sehr raues Klima ertragen.
Das Gleiche gilt für das Lammfleisch. Ich denke, dass man heutzutage auch in Deutschland gutes Lammfleisch kaufen kann – z. B. von den Schafherden, die die Schwäbische Alb wieder bevölkern. Eben solches, wie man in der Schweiz von jeher von Lämmern erhielt, die einen Sommer auf der Alp verbracht haben, sich von Kräutern ernähren konnten. Nur: Hier eine Auswahl unter den vielen Rezepten zu treffen, ist mir sehr schwer gefallen. Und noch schwerer war sie bei den Käsespeisen zu treffen! Ich denke, hier kann es in Deutschland manchmal schwierig sein, die genau richtige Käsesorte zu finden.
Interessant: Typische Rezepte mit Geflügel sind rar. Vielleicht kommt das daher, dass Geflügel so gebräuchlich war, dass jede Hausfrau es ohne besonderes Rezept zu kochen wusste. Ebenso fanden wir relativ wenige eigentliche Dessertrezepte, insbesondere solche mit frischen Früchten fehlten beinahe ganz (zur Verzweiflung unseres Fotografen!). Hier denke ich, dass eigentliche Desserts nur selten auf den Tisch kamen. Wenn süß, dann zum Nachtessen, aber als Hauptspeise. Dafür gibt es unzählige Kuchenrezepte.
Dasselbe gilt für Vorspeisen. Da gibt es – außer im Tessin – praktisch nichts aus der Hausfrauen-Küche. Deshalb sucht man dieses Kapitel hier auch umsonst. Mit Eintopf-Rezepten dagegen könnte ich gleich ein ganzes Kochbuch füllen. Es gibt sie in allen Gegenden zuhauf.
Nun hoffe ich, dass meine Kostproben aus der »Schwyzer Chuchi« – Schweizer Küche – Ihnen, liebe Leserin, lieber Leser, so viel Appetit machen, dass Sie die Rezepte nicht nur nachkochen, sondern dass Sie »mein« Land auch besuchen, um sich nicht nur seine Schönheiten anzusehen, sondern auch die Küche in all ihrer Vielfalt prüfen und genießen zu können.
In diesem Sinne: »En Guete und uf Wiederluege bi üs i dr Schwyz« – Guten Appetit und auf Wiedersehen bei uns in der Schweiz.

Ganz herzlich

Kathrin Rüegg

Basler Mählsuppe **(Basel)**

Mehlsuppe

Knochenbrühe:

1 Zwiebel mitsamt der Schale, halbiert
1 kg Rinderknochen, grob zerkleinert
3 Scheiben eines Markknochens
1 Lorbeerblatt
2 l Wasser
1 Karotte, grob zerkleinert
1 Lauchstange, grob zerkleinert
1/4 Sellerieknolle, grob zerkleinert
1/2 kleiner Wirsing, grob zerkleinert
einige Petersilienzweige
abgeschälte Schale einer halben Zitrone
1 Zweig Liebstöckel
Salz, Pfeffer, Piment

Mehlschwitze:

5 EL Butterfett
5 EL Mehl
1 Zwiebel, fein gehackt
Salz, Muskat
100 ml Rotwein
4 EL Sahne
3 EL Sbrinz- oder Emmentaler-Käse

Knochenbrühe: Die Zwiebelhälften in der ungefetteten Bratpfanne bräunen. Zwiebel, Knochen und Lorbeer mit kaltem Wasser aufsetzen, mindestens 1 Std. köcheln lassen. Das Gemüse beigeben, 1/2 Std. auf kleiner Flamme kochen. Zitronenschale und Liebstöckel beigeben, weitere 5 Min. ziehen lassen. Alles durch ein mit einem Tuch ausgelegtes Haarsieb gießen. Die Brühe würzen.

Mehlschwitze: Das Butterfett erhitzen, das Mehl darin auf kleiner Flamme ca. 20 Min. rösten, die Zwiebel beigeben, weiter rösten, bis das Mehl dunkelbraun ist (das dauert total ca. 1/2 Std.). Nach und nach die Knochenbrühe beigeben. Rühren, damit keine Knöllchen entstehen. Mindestens 2 Std. köcheln, würzen, den Wein beigeben. In vorgewärmte Suppenteller anrichten, evtl. 1 EL Sahne in die Tellermitte geben, mit dem Käse bestreut servieren.

Basler Mählsuppe (Mehlsuppe)

Benediktinersuppe **(Innerschweiz)**

1 EL	*Butterfett*
2 Bund	*Petersilie, fein gehackt*
1 $^1/_2$ l	*Fleischbrühe*
2 EL	*Grieß*
3 EL	*Sahne*
1	*Eigelb*
	Muskat, Safran

Das Butterfett erhitzen, die Petersilie darin leicht andämpfen. Mit der Fleischbrühe ablöschen. Den Grieß einrieseln lassen, 10 Min. kochen. Sahne und Eigelb miteinander vermengen, zur Suppe geben, nochmals erhitzen, würzen.

Chässuppe **(Innerschweiz)**

Käsesuppe (die ein Eintopf ist)

4 EL	*Butter*
8	*Brotscheiben*
1	*Zwiebel, fein gehackt*
1 l	*Fleischbrühe*
100 g	*Gruyère-Käse, gerieben*
100 g	*Emmentaler-Käse, gerieben*
	Pfeffer, Muskat
1 Bund	*Schnittlauch, fein geschnitten*

Die Brotscheiben in der geschmolzenen Butter portionsweise rösten, beiseite stellen. Die Zwiebel in der restlichen Butter glasig dämpfen. Brotscheiben wieder dazulegen, mit der Fleischbrühe ablöschen. Einige Min. kochen, dann mit dem Schneebesen oder dem Mixstab fein pürieren. Wieder aufkochen. Nach und nach den geriebenen Käse dazustreuen, dabei ständig rühren. Vor dem Servieren würzen und mit dem Schnittlauch bestreuen.

Waadtländer Suppe **(Waadt)**

$^1/_2$ l	*Fleischbrühe*
$^1/_2$ l	*Milch*
75 g	*Grieß*
2 EL	*Butter*
1	*Knoblauchzehe, gepresst*
2	*Scheiben Brot, in Würfel geschnitten*
100 ml	*trockener Weißwein*
100 ml	*Sahne*
1	*Eigelb*
100 g	*Gruyère-Käse, gerieben*
	Salz, Pfeffer, Muskat
1 EL	*Schnittlauch, fein geschnitten*

Fleischbrühe und Milch aufkochen, den Grieß einrühren, köcheln lassen. Die Butter zergehen lassen, den Knoblauch darin andämpfen, dann die Brotwürfel mitrösten. Mit dem Wein ablöschen, zur Suppe geben. $^3/_4$ Std. köcheln. Mit dem Mixstab pürieren oder durch ein Sieb streichen. Sahne, Eigelb und Käse miteinander verrühren. Einen Schöpflöffel Suppe beigeben, gut durchrühren. Alles zur Suppe geben und nochmals 5 Min. köcheln. Würzen. Mit Schnittlauch bestreut servieren.

Chässuppe (Käsesuppe)

Gerstensuppe Bergeller Art
(Graubünden)

1 1/2 l Wasser
4 EL Rollgerste (Graupen)
300 g Schweinefleisch, geräuchert
100 g Rohschinken, in Streifen geschnitten
100 g gesalzener Speck, in Streifen geschnitten
1/2 Lauchstange
einige Sellerieblätter
1/2 Kopf Weißkraut, in Streifen geschnitten
2 Kartoffeln, in Würfel geschnitten
evtl. Salz

Das Wasser aufkochen, die Gerste einrieseln lassen, das Schweinefleisch, die Rohschinken- und Speckstreifen beigeben. 2 Std. köcheln. Gemüse und Kartoffeln beigeben, nochmals 1/2 Std. kochen, evtl. salzen. Das Schweinefleisch in Scheiben schneiden, die Suppe darübergießen.

Mehlsuppe mit Weinbeeren und Käse **(Graubünden)**

5 EL Mehl
3 EL Butterfett
1 Zwiebel, in Ringe geschnitten
1 l Brühe
100 g Sultaninen
100 g Alpkäse (Ersatz: Gruyère)

Das Mehl in einer Bratpfanne haselnussbraun rösten. Das Butterfett beigeben, mitdämpfen. Die Zwiebelringe beigeben, alles nochmals durchdämpfen, dann mit der Brühe ablöschen. Die Sultaninen ebenfalls beigeben. Alles 1/2 Std. köcheln. Gelegentlich umrühren. Die Suppe in vorgewärmte Teller anrichten und mit dem Käse bestreut servieren.

Minestrone poschiavina
(Graubünden)

Puschlaver Minestrone

2 EL Sonnenblumenöl
100 g Speckwürfel
3 große Karotten, in Rädchen geschnitten
1 kleine Sellerieknolle mit Kraut, in Würfel geschnitten
1 Lauchstange, in Streifen geschnitten
1 Zwiebel, fein gehackt
3 Tomaten, gehäutet und in Würfel geschnitten
2 Knoblauchzehen, gepresst
1 Tasse getrocknete weiße Bohnen, über Nacht eingeweicht
1 1/2 l Wasser
Salz, Pfeffer

Das Öl erhitzen, die Speckwürfel darin auslassen, die Gemüse beigeben, alles gut durchdämpfen, mit dem Wasser ablöschen, 1 1/2 Std. kochen, würzen.

Gerstensuppe, Bergeller Art

Luzerner Fastensuppe

Suppe:

2 EL	*Trockenerbsen*
2 EL	*weiße Bohnen, getrocknet*
1/4 l	*Wasser*
1	*Kartoffel, in Würfel geschnitten*
	einige Weißkrautblätter, streifig geschnitten
1	*Karotte, in Scheiben geschnitten*
1	*Hand voll Spinatblätter*
1	*Hand voll Rosenkohl*
	einige Blumenkohlröschen
1 l	*Wasser*

Einlage:

2 EL	*Mehl*
2 EL	*Milch*
1	*Ei*
	Salz, Pfeffer, Muskat
1	*Eigelb*
2 EL	*Sahne*
1 EL	*Petersilie, fein geschnitten*
1 EL	*Schnittlauch, fein gehackt*

Die Hülsenfrüchte über Nacht einweichen, Einweichwasser abschütten, im Wasser knapp weich kochen, das übrige Gemüse und das Wasser beifügen, 1/2 Std. kochen.
Aus Mehl, Milch und Ei einen Teig rühren, würzen, mit einem Esslöffel Klößchen abstechen und kurz in der Suppe mitkochen. Das Eigelb verquirlen, mit der Sahne vermengen. Etwas Suppe dazurühren, dann alles zurück in den Kochtopf geben, würzen. Vor dem Servieren mit den Kräutern bestreuen.

Luzerner Fastensuppe

Kabissuppe **(Schwyz)**

Weißkohlsuppe

2 EL	*Butter*
1	*Zwiebel, in feine Streifen geschnitten*
1	*kleiner Weißkohl, in feine Streifen geschnitten*
1 l	*Fleischbrühe*
2 EL	*Reis*
	Salz, Pfeffer, Muskat
4 EL	*Sbrinz- oder Parmesankäse, gerieben*

Die Butter zergehen lassen, die Zwiebel darin glasig dünsten, dann die Weißkohlstreifen beigeben, 10 Min. mitdünsten, die Fleischbrühe beigeben, 1/4 Std. kochen, den Reis beigeben, nochmals 20 Min. kochen, würzen, den Käse separat dazu servieren.

Chässuppu **(Wallis)**

Käsesuppe

8	*Scheiben Brot*
4 EL	*Butter*
1 EL	*Butter*
4	*große Zwiebeln, in Ringe geschnitten*
8	*Tomaten, geschält, zerdrückt*
50 g	*Gruyère-Käse, gerieben*
1 l	*Fleischbrühe*

Die Brotscheiben in der Bratpfanne oder im Toaster rösten, mit der Butter bestreichen. Die zweite Butterportion zergehen lassen, die Zwiebeln darin glasig dämpfen. Lagenweise Zwiebeln, Brotscheiben, Tomatenmus in einen feuerfesten Topf schichten. Zuoberst etwas Tomaten, mit dem Käse bestreut. Einen Trichter durch die Schichten drücken und durch diesen die Fleischbrühe einfließen lassen. Die Oberfläche muss leicht damit bedeckt sein. Die Suppe ohne Deckel 1/2 Std. köcheln lassen, evtl. verdampfte Flüssigkeit durch mehr Brühe ersetzen. Im auf 150°C vorgewärmten Backofen ca. 1 Std. braten.

Ärbsmues (Basel)

Erbsenbrei

400 g	*getrocknete, gelbe Erbsen*
ca. 1/2 l	*heißes Wasser*
ca. 1/2 l	*Fleischbrühe*
1	*Karotte, grob zerkleinert*
1	*Zwiebel, grob zerkleinert*
1/4	*Sellerieknolle*
1	*Lorbeerblatt*
200 g	*Speck, geräuchert*
	Salz, Pfeffer, Muskat
2 EL	*Butter*

Die Erbsen mit dem heißen Wasser übergießen, langsam zum Kochen bringen, zugedeckt 1 Std. köcheln lassen ohne umzurühren. Das Kochwasser abschütten. So viel Brühe dazugeben, dass die Erbsen gerade bedeckt sind. Die Gemüse und das Speckstück beigeben. Nicht mehr zugedeckt so lange kochen, bis die Erbsen zerfallen (ca. 1/2 Std.). Evtl. noch etwas Wasser beigeben. Speck und Lorbeer entfernen, die Erbsen pürieren. Unter ständigem Rühren zur Konsistenz von Kartoffelbrei einkochen, würzen. Die Butter zugeben, mit dem Schneebesen schaumig rühren. Den Speck in Stücke zerteilen. Mit dem Brei servieren. Salzkartoffeln passen gut dazu.

Neuenburger Gratin (Neuenburg)

2 EL	*Butterfett*
1	*Zwiebel gehackt*
500 g	*Hackfleisch, gemischt*
	Salz, Pfeffer
100 ml	*Brühe*
200 ml	*trockener Weißwein*
800 g	*weiße Rübchen (Navets) oder Karotten / Kohlrabi, in Scheiben geschnitten*
3/4 l	*Wasser*
1 TL	*Salz*
1 EL	*Weißweinessig*
2 EL	*Butter*
2 EL	*Mehl*
400 ml	*Milch*
	Salz, Pfeffer
1 EL	*Dill, fein gehackt*
100 ml	*Sahne*
2	*Eigelb*
	Salz, Pfeffer, Muskat

Die Bratbutter erhitzen, die Zwiebel darin glasig werden lassen, das Fleisch beigeben, alles gut durchbraten, würzen, mit der Brühe und dem Weißwein ablöschen. Einkochen lassen. Das Wasser mit dem Salz und dem Essig aufkochen, die Gemüsescheiben darin weich dünsten. Abseihen.

Gemüse und Fleisch lagenweise in eine ausgebutterte Gratinform einfüllen. Die Butter erwärmen, das Mehl darin etwas dämpfen, mit der Milch ablöschen, würzen, einige Min. köcheln, dann abkühlen lassen. Sahne und Eigelb miteinander verquirlen, dann die Sauce beigeben. Aufkochen, würzen. Den Auflauf im auf 180°C vorgeheizten Ofen ca. 1/2 Std. gratinieren.

Kandertaler Louchgratin **(Bern)**

Lauchgratin

2 EL	*Butter*
1	*Zwiebel, gehackt*
100 g	*Speck, in Streifen geschnitten*
100 g	*gekochter Schinken, in Würfel geschnitten*
600 g	*Lauch, halbiert, in fingerlange Streifen geschnitten*
100 ml	*Weißwein*
100 ml	*Brühe*
	Salz
1 l	*Wasser*
1 TL	*Salz*
500 g	*Kartoffeln, in Würfel geschnitten*
2 EL	*Butter*
2 EL	*Mehl*
300 ml	*Milch*
150 ml	*Lauchsud*
100 ml	*Sahne*
100 g	*Emmentalerkäse, gerieben*
	Salz, Muskat

Die Butter schmelzen, Zwiebel, Speck und Schinken darin anziehen, Lauch beigeben, mit dem Wein und der Brühe ablöschen, würzen, 20 Min. köcheln.
Wasser aufkochen, salzen, die Kartoffeln darin weich kochen. Abseihen. Den gekochten Lauch ebenfalls abseihen, aber den Sud behalten.
Die Butter zergehen lassen, das Mehl darin anschwitzen. Mit der Milch und dem Lauchsud ablöschen. Aufkochen, Sahne beifügen. Sauce, Lauch, Kartoffeln und die Hälfte des Käses miteinander vermengen. Würzen. Alles in eine bebutterte Gratinform füllen. Den restlichen Käse darüber streuen. Im auf 200°C vorgeheizten Ofen 20 Min. überbacken.

Kandertaler Louchgratin (Lauchgratin)

Hafechabis **(Innerschweiz)**

Eintopf mit Fleisch und Weißkohl

2 EL	*Sonnenblumenöl*
200 g	*grüner, ungesalzener Speck, in ca. 3 x 3 cm große Würfel geschnitten*
250 g	*Schweineschulter, gleich geschnitten*
100 g	*Lammschulter, gleich geschnitten*
2 EL	*Butterfett*
750 g	*Weißkraut, Blätter in ca. 10 x 10 cm große Stücke zerteilt*
3	*Zwiebeln, in Scheiben geschnitten*
2	*Knoblauchzehen, gepresst*
ca. 1/4 l	*Fleischbrühe*
	Salz, Pfeffer

Das Öl erhitzen, zuerst die Speckwürfel darin anbraten, aus der Bratpfanne nehmen, beiseite stellen. Das restliche Fleisch im gleichen Fett anbraten. In einem zweiten Kochtopf das Butterfett heiß werden lassen und die Weißkrautblätter, die Zwiebeln und den Knoblauch darin portionsweise anbraten, zum Fleisch geben, ebenso den Speck. Die Fleischbrühe dazugießen, würzen. Zugedeckt 1 Std. köcheln lassen. Evtl. etwas Wasser nachgießen.

Der Hafechabis wird in Suppentellern mit wenig Flüssigkeit serviert. Petersilienkartoffeln passen gut dazu.

Kabisroulade **(St. Gallen)**

Weißkohlroulade

1 1/2 l	*Wasser*
1 TL	*Salz*
1	*mittelgroßer Weißkohl*
1	*Schweinsnetz*
500 g	*Bratwurstbrät*
2 EL	*Butterfett (eingesottene Butter)*
1	*Schweinefilet*
	Salz, Pfeffer
2 EL	*Butterfett (eingesottene Butter)*
200 ml	*trockener Weißwein*
200 ml	*Fleischbrühe*

Wasser und Salz aufkochen, den Weißkohl zugeben, ca. 1/2 Std. kochen. Die Blätter vom Strunk lösen, die Blattrippen wegschneiden. Das Schweinsnetz einige Min. in kaltes Wasser legen, auf einer Arbeitsfläche auslegen, die Kohlblätter darauf verteilen, dann das Brät darüber streichen.

Die erste Butterportion schmelzen, das Schweinefilet darin ringsum anbraten, würzen, in die Mitte der Roulade legen. Das Netz satt um die Füllung wickeln. Mit Zahnstochern befestigen. Die zweite Butterportion in einer Kasserolle heiß werden lassen, den Braten rundum anbraten. Mit dem Weißwein ablöschen.

Im auf 180°C vorgeheizten Ofen ca. 1 Std. garen, nach und nach die Fleischbrühe beigeben.

Zu Salzkartoffeln oder Teigwaren und gedämpftem Gemüse oder Salat servieren.

Hafechabis (Eintopf mit Fleisch und Weißkohl)

Waadtländer Lauchauflauf **(Waadt)**

1 EL	*Butterfett*
1	*Zwiebel, fein gehackt*
750 g	*Lauch,* *in ca. 4 cm lange Stücke geschnitten*
200 ml	*Brühe*
50 ml	*Weißwein*
500 g	*Kartoffeln, grob gewürfelt*
200 ml	*Wasser*
4	*Schweinswürstchen*
	Pfeffer

Das Fett erhitzen, die Zwiebel darin glasig dünsten, die Lauchstücke beigeben, ca. 5 Min. mitdämpfen, mit der Brühe und dem Wein ablöschen. 1/4 Std. köcheln lassen.
Die Kartoffelwürfel und das Wasser beigeben. Die Würste darauf legen. Das Gericht ca. 20 Min. köcheln lassen. Die Flüssigkeit sollte fast ganz eingekocht sein. Vor dem Servieren mit Pfeffer abschmecken.

Waadtländer Lauchauflauf

Urner Rispor **(Uri)**

Reis mit Lauch

1 kg	*Lauch*
2 EL	*Butterfett*
400 g	*Reis*
1 1/2 l	*Fleischbrühe*
	Pfeffer, Muskat
50 g	*Butter*
100 g	*Urner Landkäse, gerieben (Ersatz: Sbrinz)*

Die äußersten zähen Blätter vom Lauch entfernen, der Länge nach halbieren und in ca. 1 cm breite Streifen schneiden. Das Fett erhitzen, den Lauch darin kurz dünsten und mit der Fleischbrühe ablöschen, köcheln lassen. Nach etwa 5–6 Minuten den Reis beigeben und das Ganze ungedeckt und ohne zu rühren ca. 18–20 Minuten fertig kochen lassen. Mit etwas Pfeffer und Muskat abschmecken.

Die Butter zergehen lassen (jedoch nicht braun werden lassen) und kurz vor dem Servieren zusammen mit dem geriebenen Käse unter den Rispor mischen. Dazu passt eine kräftige Wurst.

Rispor (Reis und Lauch)

Tiroler Knödel **(Graubünden)**

8	*Brötchen oder 12 Weißbrotscheiben, in Würfel geschnitten*
150 ml	*Milch*
2 EL	*Schnittlauch, gehackt*
2 EL	*Petersilie, gehackt*
2	*Salametti, in feine Würfel geschnitten*
75 g	*geräucherter Schinken, in feine Würfel geschnitten*
75 g	*roher Speck, in feine Würfel geschnitten*
1	*Cervelat (Ersatz: 100 g Lyoner-Wurst) in feine Würfel geschnitten*
3 EL	*Mehl*
4	*Eier*
1 1/2 l	*Fleischbrühe*

Die Brotwürfel mit der kochenden Milch übergießen und einige Std. stehen lassen. Mit den Händen zu einem kompakten Teig zerdrücken. Die übrigen Zutaten außer der Fleischbrühe beigeben. Gut vermischen. Auf einer bemehlten Arbeitsplatte ca. 2 cm dicke Teigstränge rollen, diese in 2 cm lange Stücke schneiden und portionsweise in der ganz leicht kochenden Fleischbrühe ca. 5 Min. garen. Grobe Schnitze aus Salzkartoffeln und grüner Salat passen gut dazu.

Tiroler Knödel

Härdöpfelchabis (Kartoffeln mit Sauerkraut)

Härdöpfelchabis **(Graubünden)**

Kartoffeln mit Sauerkraut

3 EL	*Butterfett*
1 kg	*Kartoffeln, am Vortag gekocht, geschält, in Scheiben geschnitten*
500 g	*Sauerkraut, roh oder gekocht*
	Pfeffer

Das Fett in einer Bratpfanne erhitzen, die Kartoffelscheiben einmal durchbraten, das Sauerkraut beigeben. Alles 20 Min. braten, evtl. eine geräucherte Wurst darauf legen, heiß werden lassen, vor dem Servieren würzen.

Chrutchräpfli **(Graubünden)**

Krauttaschen

Teig:

300 g	*Weißmehl*
5 EL	*Wasser*
1/2 EL	*Salz*
2	*Eier*
1/2 EL	*Sonnenblumenöl*

Füllung:

2 EL	*Butter*
300 g	*Spinat, fein gehackt*
1	*Zwiebel, fein gehackt*
1 EL	*Petersilie, fein gehackt*
1 EL	*Schnittlauch, fein gehackt*
	Salz, Pfeffer
1 EL	*Mehl*
	etwas Fleischbrühe
1 1/2 l	*Wasser*
1 TL	*Salz*
100 g	*geriebener Alpkäse (Ersatz Gruyère)*
4 EL	*Butter*

Teig: Aus Mehl, Wasser, Salz, Eiern und Sonnenblumenöl einen glatten Teig machen. Unter einem erwärmten Schüsselchen 1/2 Std. ruhen lassen. Auf einer bemehlten Arbeitsfläche möglichst viereckig 1 mm dick ausrollen. Antrocknen lassen.

Füllung: Die Butter zergehen lassen, Spinat und Kräuter darin dämpfen, würzen, mit dem Mehl bestäuben. So viel Fleischbrühe beigeben, dass eine kompakte Masse entsteht.

Den Teig mit dem Teigrädchen in ca. 5 x 7 cm große Rechtecke schneiden. Mit kleinen Häufchen der Füllung belegen. Die eine Randhälfte mit Wasser befeuchten. Jedes Rechteck zur Hälfte überschlagen.
Das Wasser mit dem Salz aufkochen. Die Chräpfli portionsweise mit der Schaumkelle ins leise kochende Wasser geben, ca. 7 Min. ziehen lassen. Abtropfen. Lagenweise mit dem Käse anrichten. Die Butter braun werden lassen und darüber gießen.
Dazu gehört noch ein Blattsalat.

Chrutchräpfli (Krauttaschen)

Dürri Bohne mit Chnöpfli **(Ostschweiz)**

Getrocknete grüne Bohnen mit Spätzli

Bohnen:

125 g getrocknete oder
800 g frische grüne Bohnen
2 EL Butter
1 Zwiebel, fein gehackt
100 ml Einweichwasser der Bohnen oder
100 ml Gemüsebrühe

Knöpfli:

300 g Mehl (Typ 405)
ca. 100 ml Wasser
2 Eier
Salz
1 l Wasser
Salz

Zwiebelringe:

2 EL Butterfett (eingesottene Butter)
1 Zwiebel, in feine Ringe geschnitten

Bohnen: Falls man getrocknete Bohnen nimmt, sie über Nacht in lauwarmem Wasser einweichen, abseihen, dabei 100 ml des Einweichwassers zurückbehalten.
Die Butter zergehen lassen, die Zwiebel darin glasig dämpfen, die Bohnen beigeben, durchdämpfen, mit dem Einweichwasser ablöschen. Zugedeckt auf kleinem Feuer ca. 1 Std. kochen.

Knöpfli: Das Mehl in eine Schüssel sieben. In der Mitte eine Vertiefung machen. Nach und nach Wasser, Eier und Salz dazurühren. Den Teig bearbeiten, bis er glatt ist. Dann klopfen, bis er Blasen wirft und in Flocken vom Rührlöffel fällt. $1/2$ Std. stehen lassen.
Wasser und Salz aufkochen. Den Teig portionsweise durch ein Knöpflisieb oder ein Salatsieb ins schwach siedende Wasser fallen lassen. Köcheln, bis die Knöpfli an die Oberfläche steigen.

Zwiebelringe: Das Butterfett schmelzen, die Zwiebelringe darin hellbraun rösten.
Bohnen und Knöpfli lagenweise in eine Schüssel geben, zuoberst die Zwiebelringe mit der Butter anrichten.

Risotto mit Geflügelbruststreifen **(Tessin)**

1 EL Butter
1 EL Öl
1 Zwiebel, fein gehackt
400 g Geflügelfleisch, geschnetzelt oder in Streifen geschnitten
300 g italienischer Reis (Arborio oder Carnaroli)
200 ml trockener Weißwein (z.B. Frascati)
ca. 600 ml Geflügelbrühe
1 Briefchen Safranpulver
Salz, Pfeffer
100 g Sbrinz- oder Parmesankäse, gerieben

Butter und Öl erhitzen, die Zwiebel darin glasig dünsten, das Fleisch beigeben, dünsten, bis es weiß geworden ist. Den Reis beigeben, einige Minuten mitdünsten, mit dem Wein ablöschen. Auf die Uhr schauen: In 18 Minuten wird der Risotto gar sein. Den Wein einkochen lassen, dann schöpfkellenweise die Brühe beigeben, dabei ständig umrühren. Den Safran beigeben. Nach den 18 Minuten den Risotto vom Feuer nehmen, den Käse unterrühren, würzen. Zugedeckt 3 Min. stehen lassen. Sofort servieren.

Risotto mit Geflügelbruststreifen

Tessiner Risotto mit Luganighe
(Tessin)

4	*Luganighe (frische Schweinswürste, nicht geräuchert)*
1 1/2 l	*Wasser*
1 EL	*Essig*
1 EL	*Butter*
1 EL	*Olivenöl*
1	*Zwiebel, fein gehackt*
1	*Knoblauchzehe, gepresst*
300 g	*Arborio- oder Carnaroli-Reis*
2 dl	*trockener Weißwein (z.B. Frascati)*
1	*Brieflein Safran-Pulver*
ca. 1/2 l	*Hühnerbrühe*
2 EL	*Butter*
100 g	*Sbrinz- oder Parmesankäse, gerieben*

Die Würste mehrere Male einstechen, ins warme Essigwasser geben, 1/2 Std. ziehen (aber nicht kochen) lassen. Butter und Öl erhitzen, die Zwiebel und den Knoblauch darin einige Min. dünsten, den Reis beigeben, kurz mitdünsten, mit dem Weißwein ablöschen. Safran beigeben. Kochplatte auf kleine Flamme stellen. Auf die Uhr schauen: in 18 Min. wird der Reis gar sein. Wenn der Reis den Wein aufgesogen hat, nach und nach schöpflöffelweise die Brühe beigeben, immer wieder einkochen lassen, dabei ständig rühren. Nach 18 Min. den Risotto vom Feuer nehmen, Butter und Käse unterrühren. Zugedeckt ca. 3 Min. stehen lassen. Mit den Luganighe servieren. Ich reiche noch einen Blatt- oder Tomatensalat dazu.

Spaghetti Margherita **(Tessin)**

2 EL	*Butter*
800 g	*Tomaten, geschält, zerschnitten*
100 g	*Champignons, blättrig geschnitten*
2 EL	*Olivenöl*
1	*Zwiebel, gehackt*
1	*Knoblauchzehe, gepresst*
400 g	*Geflügel- oder Kalbfleisch, geschnetzelt*
	Salz, Pfeffer
1	*Zweig Rosmarin*
4	*Scheiben Schinken, roh oder gekocht*
3 l	*Wasser*
2 EL	*Olivenöl*
2 TL	*Salz*
300 g	*Spaghetti*
2 EL	*Petersilie, fein geschnitten*
100 g	*Parmesan, gerieben*

Die Butter zergehen lassen, die Tomatenschnitzel darin dämpfen, die Champignons beigeben.
Das Öl erhitzen, Zwiebel darin glasig dünsten, Knoblauch beigeben, mitdünsten, Fleisch beigeben, durchbraten, bis es weiß geworden ist, alles zu den Tomaten geben, würzen, den Rosmarinzweig dazulegen, die Schinkenstreifen beigeben. alles einige Min. kochen.
Wasser, Öl und Salz aufkochen, Spaghetti darin al dente kochen (Kochdauer der Packung entnehmen), abtropfen. In eine Schüssel geben, die Sauce darüber gießen, mit der Petersilie bestreut servieren. Den Käse separat dazu reichen.

Spaghetti Margherita

Spanisch-Suppe **(Zürich)**

200 g	*Kalbsgulasch*
200 g	*Rindsgulasch*
ca. 750 g	*gepökelte Rippchen, gekocht, in Stücke geschnitten*
1	*kleiner Weißkohl, in Streifen geschnitten*
4	*Karotten, grob geraffelt*
1/2	*kleine Sellerieknolle*
1	*Zwiebel, grob gehackt*
300 ml	*Fleischbrühe*
	Salz, Pfeffer
1	*Lorbeerblatt*
2	*Gewürznelken*
1 TL	*Majoran, getrocknet*
1 TL	*Thymian, getrocknet*
1	*Zweig Rosmarin*
1/2 TL	*Estragon, getrocknet*
1 EL	*Butterfett*
4	*kleine Bratwürstchen (z.B. Nürnberger, auch wenn das nicht ganz »stilrein« ist)*
1	*Bund Petersilie, fein gehackt*

Das Fleisch und die Gemüse in einen Kochtopf geben, die Fleischbrühe dazugießen, die Gewürze (außer der Petersilie) dazulegen. Im zugedeckten Topf auf ganz kleinem Feuer ca. 3/4 Std. ziehen lassen ohne umzurühren. Das Butterfett erhitzen, die Würstchen darin braten. Den Eintopf in vorgewärmten Tellern anrichten, die Bratwürstchen darauf legen, alles mit Petersilie bestreuen.

Spanisch-Suppe

Lozerner Speckrüebli **(Luzern)**

Luzerner Karotten mit Speck

1 EL	*Butterfett*
150 g	*geräucherter Speck, in feine Würfel geschnitten*
1	*Zwiebel, fein gehackt*
750 g	*Karotten, in Stäbchen geschnitten*
	Salz, Pfeffer
1 EL	*Mehl*
100 ml	*Wasser, evtl. etwas mehr*
2 EL	*Schnittlauch, fein gehackt*

Das Butterfett erhitzen, die Speckwürfel darin auslassen, dann die Zwiebel darin glasig dünsten, die Karotten beigeben, würzen, das Mehl darüber stäuben, mit dem Wasser ablöschen. Zugedeckt dämpfen, evtl. noch etwas Wasser nachgießen. Am Ende der Kochzeit (25 bis 40 Min. je nach Alter der Karotten) soll das Wasser eingekocht sein. Vor dem Servieren mit Schnittlauch bestreuen.

Lozärner Speckrüebli
(Luzerner Karotten mit Speck)

Spaghetti con cornetti **(Tessin)**

Spaghetti mit grünen Bohnen

Spaghetti con cornetti
(Spaghetti mit grünen Bohnen)

5 l	*Wasser*
1 EL	*Salz*
2 EL	*Sonnenblumenöl*
250 g	*grüne Bohnen*
400 g	*Spaghetti*
2 EL	*Butter*
1	*Knoblauchzehe, gepresst*
3	*Tomaten, klein geschnitten*
1	*Bund Petersilie, fein gehackt*
5	*Basilikumblätter, fein gehackt*
	Salz, Pfeffer
100 g	*Sbrinz- oder Parmesankäse, gerieben*

Das Wasser mit dem Salz und dem Öl aufkochen. Die Bohnen beigeben, 5 Min. köcheln lassen, die Spaghetti beigeben, al dente kochen, das Wasser abschütten. Die Butter zergehen lassen, den Knoblauch darin etwas andünsten, die Tomaten beigeben, einige Min. köcheln, die Kräuter beigeben, würzen. Spaghetti, Bohnen und Sauce miteinander vermengen. Mit dem Käse servieren.

Saftplätzli (Basel)

Rindfleischschnitzel

600 g	*Rindfleisch aus der Hüfte, in dünne Schnitzel geschnitten*
	Salz, Pfeffer
3	*Schalotten, ganz fein gehackt*
3 EL	*Butter in Flöckchen*
200 ml	*trockener Weißwein oder Apfelwein*

Die Plätzchen beidseitig würzen, lagenweise in eine kleine ausgefettete Kasserolle schichten, dabei die Schalotten und die Butterflöckchen lagenweise dazwischenlegen. Den Wein darüber gießen. Zugedeckt im auf 200°C vorgeheizten Backofen 1 1/2 Std. garen.

Hüenerläberli uf unseri Art (Basel)

Hühnerleber Basler Art

500 g	*Hühnerleber, geschnetzelt*
1/4 l	*Milch*
2 EL	*Butter*
4	*Zwiebeln, in Ringe geschnitten*
4	*Äpfel, geschält, Kerngehäuse entfernt, in Ringe geschnitten*
3 EL	*Mehl*
2 EL	*Butter*
	Salz, Pfeffer

Die Leber 1/2 Std. lang in die kalte Milch legen. Die Butter zergehen lassen, die Zwiebelringe einige Min. dämpfen, die Apfelringe beigeben, zugedeckt weich dämpfen.

Die Leber auf Küchenpapier trockentupfen. Das Mehl darüber stäuben. In einer zweiten Bratpfanne die zweite Butterportion schmelzen, die Leber auf kleiner Flamme nur weiß werden lassen, würzen. Zum Zwiebel-Apfelgemisch geben und sofort servieren. Dazu gehört Weißbrot, evtl. getoastet.

(Im Originalrezept wurde Gänseleber verwendet.)

Hühnerleber Basler Art

Kläris Troum **(Bern)**

Rindfleisch mit Apfelscheiben

2 EL Butterfett
500 g gekochtes Rindfleisch, in feine Scheiben geschnitten
2 säuerliche Äpfel, geschält, in feine Scheiben geschnitten
200 ml Crème fraîche
100 ml Apfelsaft

Das Butterfett heiß werden lassen, die Fleischscheiben portionsweise auf einer Seite anbraten, ziegelartig gestaffelt mit der gebratenen Seite nach unten in eine Bratpfanne legen. Jede Oberseite mit etwas Crème fraîche bestreichen und mit den Apfelscheiben belegen. Den Apfelsaft dazugießen und das Ganze zugedeckt ca. 10 Min. schmoren lassen, bis die Apfelscheiben weich sind. Salzkartoffeln oder Kartoffelpüree und Rotkraut oder gedämpfter Broccoli passen dazu.

Bärglerfleisch **(Bern)**

Berglerfleisch

100 g Speckwürfel
1 Zwiebel, gehackt
600 g Rindfleisch (Nierstück oder Hohrücken), in fingerdicke Streifen geschnitten
Salz, Pfeffer
200 ml Wasser
100 ml Weißweinessig
1 TL Stärkemehl
1 EL Butter
1 Bund Petersilie, gehackt

Die Speckwürfel in einer Bratpfanne auslassen. Die Zwiebel darin glasig dünsten, dann das Fleisch beigeben. Ringsum gut anbraten. Würzen. Wasser und Essig beigeben. 2 Std. köcheln lassen. Das Stärkemehl mit der Butter verkneten, zum Fleisch geben. 1/4 Std. weiterkochen. Mit der Petersilie bestreut zu Rösti und einem Blattsalat servieren.

Bärglerfleisch (Berglerfleisch)

Simmetaler Munihaxe **(Bern)**

Stierenhaxe (aber auch Kalbshaxe)

1	*Haxe*
1 TL	*Salz*
1 EL	*Mehl*
1 TL	*Thymian*
1 TL	*Oregano*
1 Zweig	*Rosmarin*
2 EL	*Sonnenblumenöl*
400 ml	*Wasser*
1	*Karotte*
1	*Stück Lauch*
1/4	*Sellerieknolle*
	Salz, Pfeffer
100 ml	*trockener Weißwein*

Die Haxe im Mehl wenden, salzen, mit den Kräutern ringsum bestreuen und diese gut andrücken. Das Öl erhitzen, das Fleisch darin ringsum anbraten. Das Wasser und die Gemüse beigeben, würzen. Im auf 200°C vorgeheizten Ofen 1 3/4 Std. braten. Häufig begießen. Den Wein beigeben. Nochmals 1/4 Std. braten. Das Fleisch wird erst am Tisch zerschnitten. Salzkartoffeln, gedämpftes Gemüse oder einen Blatt- oder Tomatensalat dazu servieren.

Simmetaler Munihaxe (Stierenhaxe)

Kalbsschnitzel »St. Prex« **(Waadt)**

Kalbsschnitzel »St. Prex«

- *1/4 l Weißwein*
- *1 TL Zucker*
- *2 Birnen, geschält, halbiert, Kerngehäuse entfernt*
- *4 große Kalbsschnitzel*
- *2 EL Zitronensaft*
- *Pfeffer*
- *2 EL Mehl*
- *1 Ei, zerklopft*
- *4 EL Paniermehl*
- *3 EL Butterfett*
- *4 Scheiben Gruyère-Käse*
- *2 TL Paprikapulver*
- *4 TL Butter*
- *einige Petersilienzweige*
- *2 Tomaten, in Scheiben geschnitten*

Weißwein und Zucker aufkochen, die Birnenhälften beigeben, einige Min. blanchieren.
Die Schnitzel mit Zitronensaft beträufeln, pfeffern, im Mehl, dann im Ei und schließlich im Paniermehl wenden. Die Panade gut andrücken. Das Butterfett erhitzen, die Schnitzel darin braten. Je eine Birnenhälfte darauflegen, mit dem Käse bedecken, mit Paprikapulver bestreuen, die Butterflöckchen darauf geben. Zugedeckt im auf 180°C vorgeheizten Backofen ca. 10 Min. braten. Vor dem Servieren mit der Petersilie und den Tomatenscheiben garnieren.

Kutteln Neuenburger Art **(Neuenburg)**

Kaldaunen Neuenburger Art

2 EL	*Butterfett*
50 g	*Speckwürfel*
1	*Zwiebel, fein gehackt*
1	*Knoblauchzehe, gepresst*
600 g	*Kutteln (Kaldaunen) vorgekocht, in Streifen geschnitten*
1	*Stange Lauch, in Streifen geschnitten*
1	*Karotte, in Rädchen geschnitten*
4	*Tomaten, geschält, geviertelt*
1	*Apfel, geschält, geviertelt, Kerngehäuse entfernt, in Scheibchen geschnitten*
1	*Schnapsglas Calvados*
200 ml	*Apfelwein*
50 ml	*Brühe*
	Salz, Pfeffer
3 EL	*Sahne*

Das Butterfett erhitzen, die Speckwürfel darin auslassen, Zwiebel und Knoblauch andünsten, die Kutteln ebenfalls einige Min. mitdünsten. Die Gemüse, Tomaten und den Apfel beifügen. Durchdünsten, mit dem Calvados, dem Apfelwein und der Brühe ablöschen, würzen. Ca. 3/4 Std. köcheln, zum Schluss die Sahne beigeben.

Kutteln (Kaldaunen) Neuenburger Art

Lammrücken **(Graubünden)**

1 kg Lammrücken
Salz, Pfeffer
2 EL Butterfett
1 Rosmarinzweig
2 EL Senf
3 EL Sahne

Das Fleisch würzen. Das Butterfett erhitzen, den Rosmarinzweig darin einige Min. dämpfen, das Fleisch beigeben, ringsum anbraten. Den Ofen auf 80°C vorwärmen und das Fleisch darin während 1/2 Std. braten. In feine Scheiben geschnitten auf eine vorgewärmte Platte legen. Die Sahne und den Senf vermengen, erhitzen und separat zum Fleisch servieren. Dazu gehören kurz gedämpfte Gemüse und Bratkartoffeln.

Churer Beckibraten **(Graubünden)**

Lammkeule

1 kg	*Gigot (Lammkeule), entbeint*
2	*Knoblauchzehen, gepresst*
	Salz, Pfeffer
2 EL	*Butterfett*
2	*Zwiebeln, geviertelt*
200 ml	*herber Rotwein*
1	*Gewürznelke*
3	*Karotten, in Rädchen geschnitten*
1/4	*Sellerieknolle, in Scheiben geschnitten*
500 g	*Kartoffeln, in Würfel geschnitten*
1	*Thymianzweig*
300 ml	*Brühe*

Das Fleisch würzen und mit dem Knoblauch einreiben. Das Butterfett erhitzen, das Fleisch mit den Zwiebelschnitzeln ringsum gut anbraten, mit dem Wein ablöschen, die Nelke beigeben. Zugedeckt im auf 190°C vorgeheizten Ofen 50 Min. braten. Dann die Gemüse und den Thymianzweig beigeben, 10 Min. weiterbraten, dann nach und nach die Fleischbrühe dazugießen. Zugedeckt ca. 1 weitere Stunde schmoren. Das Fleisch in Scheiben schneiden, auf eine vorgewärmte Platte legen, mit dem Gemüse und dem Bratensaft anrichten. Salzkartoffeln oder Polenta dazu servieren.

Churer Beckibraten (Lammkeule)

Vertempfts **(Graubünden)**

Geschmortes

800 g	*Rindfleisch, in gulaschgroße Stücke geschnitten*
	Salz, Pfeffer
2 EL	*Butterfett*
3	*Zwiebeln, in grobe Ringe geschnitten*
1	*Lorbeerblatt*
1/4 l	*Fleischbrühe*
5	*Kartoffeln, in dicke Scheiben geschnitten*
1 TL	*Salz*
100 ml	*Brühe oder Wasser*

Das Fleisch würzen. Das Butterfett erhitzen, das Fleisch darin anbraten, dann die Zwiebelringe mitbraten, bis sie goldgelb sind. Das Lorbeerblatt beigeben und alles mit der Brühe ablöschen. Zugedeckt ca. 1 1/2 Std. schmoren lassen. Die Kartoffeln beifügen, salzen, evtl. noch etwas Flüssigkeit nachgießen. Eine weitere 1/2 Std. kochen.
Bohnengemüse oder Blattsalat dazu servieren.
Auf gleiche Weise kann man auch Lamm-, Schweine- oder Wildfleisch zubereiten.

Vertempfts (Geschmortes)

Süübäggli **(Schwyz)**

Rollschinken

Eigentlich machte man das Gericht aus einem ganzen gekochten Beinschinken. Für einen normalen Familienhaushalt kann man sich mit Rollschinken behelfen. Man rechnet pro Person mit ca. 200 g. Je größer das Fleischstück ist, desto saftiger bleibt es.

1 Rollschinken ohne Schwarte
10 Gewürznelken
2 Lorbeerblätter

Die Fettschicht des Schinkens gitterförmig einschneiden, mit den Gewürzen bestecken. Das Fleisch in eine flache Form legen und im auf 200°C vorgeheizten Backofen in ca. $^1/_2$ Std. knusprig backen. Vor dem Servieren in ca. 1 cm dicke Scheiben schneiden.

Süübäggli (Rollschinken)

Brätchügeli **(Ostschweiz)**

Kügelchen aus Bratwurstbrät

600 g	*Bratwurstbrät*
1	*Ei*
	Saft und abgeriebene Schale einer Zitrone
1 1/2 l	*Wasser*
1 EL	*Butter*
1 EL	*Mehl*
100 ml	*trockener Weißwein*
150 ml	*Sud*
	Salz, Pfeffer, Muskat
4 EL	*Sahne*

Brät mit einer Gabel zerdrücken, Ei, Zitronensaft und -Schale beigeben. Alles gut vermengen. Mit bemehlten Händen teelöffelgroße Portionen zu Kügelchen drehen. Das Wasser aufkochen. Die Kügelchen portionsweise darin ca. 10 Min. ziehen lassen (das Wasser darf nicht kochen!).

Die Butter zergehen lassen, das Mehl darin verrühren, mit dem Wein ablöschen, gut verrühren, den Sud beigeben, würzen. Einige Min. köcheln, die Sahne beigeben, die Kügelchen in dieser Sauce aufkochen.

Kartoffelpüree und Blatt- oder Tomatensalat passen am besten dazu.

Greyerzer Lammragout **(Fribourg)**

1 kg	*Lammschulter (Ragout)*

Marinade:

1/2 l	*trockener Rotwein*
1	*Zwiebel, in Scheiben geschnitten*
1	*Thymianzweig*
2	*Knoblauchzehen, halbiert*
1	*Lorbeerblatt*

Braten:

2 EL	*Butterfett*
1	*Zwiebel*
2	*Gewürznelken*
1	*Lorbeerblatt*
1	*Salbeiblatt*
	Marinade
100 g	*Rosinen*
1	*Knoblauchzehe, gepresst*
	Salz, Pfeffer

Sauce:

100 ml	*Sahne*
1 EL	*Mehl*

Das Fleisch in eine Schüssel legen, die Zutaten zur Marinade darüber geben. Zugedeckt im Kühlschrank 2 Tage lang marinieren, gelegentlich umrühren. Vor dem Anbraten die Marinade abseihen (aber nicht wegschütten!), das Fleisch gut trockentupfen. Das Butterfett erhitzen, das Fleisch darin gut anbraten, die Zwiebel mit dem Lorbeerblatt und den Nelken bestecken, zusammen mit dem Salbeiblatt zum Fleisch geben, nochmals durchbraten. Die Rosinen und den Knoblauch in die Marinade geben, alles über das Fleisch gießen. Würzen. Zugedeckt ca. 1 Std. schmoren lassen. Dann das Fleisch aus der Bratensauce nehmen, warm stellen. Die Zutaten für die Sauce miteinander vermengen und in der Bratensauce aufkochen. Wenn die Sauce sämig ist, das Fleisch wieder beigeben und nochmals aufkochen.

Hackbraten im Netz **(Schwyz)**

200 g Schweinsnetz (muss man beim Metzger vorbestellen)
2 EL Butter
1 Lauch, in Streifen geschnitten
1 Karotte, in Streifen geschnitten
2 Zwiebeln, fein gehackt
100 g Champignons, blättrig geschnitten
2 Knoblauchzehen, gepresst
2 Zweige frischer oder 1 EL getrockneter Thymian
Salz
200 g Rindfleisch, gehackt
250 g Schweinefleisch, gehackt
250 g Kalbsbrät
2 Eier
Salz, Pfeffer, Muskat
100 g Paniermehl
2 EL Butterfett

Sauce:

1 EL Butter
1 Zwiebel, fein gehackt
1 Knoblauchzehe, halbiert
1 Zweig Rosmarin
1/4 l Fleischbrühe
1/4 l trockener Rotwein
1 EL Butter
Salz, Pfeffer

Teigwaren:

2 EL Butterfett
1 Zwiebel, fein gehackt
250 g Hörnli, in Salzwasser weich gekocht
4 EL Greyerzerkäse, gerieben

Apfelmus aus 800 g Äpfeln

Das Schweinsnetz in kaltem Wasser einlegen. Butter schmelzen, die Gemüse, Zwiebeln und Pilze darin dünsten, Thymian beigeben. Die Gemüsemasse erkalten lassen, mit dem Fleisch und dem Brät mischen. Die Eier und das Paniermehl beigeben. Von Hand gut vermengen, würzen. Den Teig zu einer länglichen Rolle formen.

Das Schweinsnetz gut abtropfen lassen, auf einer Arbeitsfläche auslegen (ca. 40 x 50 cm). Die Fleischrolle in die Mitte legen und gut im Netz einpacken. Das Butterfett in einer Kasserolle erhitzen, den Braten ringsum anbraten. Im auf 160°C vorgeheizten Backofen 1 Std. braten.

Für die Sauce die Butter zergehen lassen, Zwiebel und Knoblauch beigeben, mit dem Rotwein ablöschen. Den Rosmarin beigeben, um ein Drittel einkochen lassen. Die Fleischbrühe beigeben und nochmals um ein Drittel einkochen. Die Butter dazurühren, würzen. Warm stellen.

Für die Hörnli das Butterfett heiß werden lassen, die Zwiebel hellbraun rösten, die gekochten Teigwaren beigeben, würzen, den Käse daruntermengen.

Den Braten in Scheiben geschnitten auf einer vorgewärmten Platte anrichten, mit der Sauce begießen, die Hörnli dazulegen. Das Apfelmus dazu servieren.

St. Galler Hackbraten (St. Gallen)

500 g gemischtes Hackfleisch
250 g Bratwurstbrät
1 Zwiebel, fein gehackt
3 EL Petersilie, fein gehackt
1/2 TL getrockneter Majoran
1/2 TL getrockneter Thymian
Salz, Pfeffer, Muskat
3 EL Butterfett (eingesottene Butter)
100 ml trockener Weißwein
1 Karotte, der Länge nach zerschnitten
1 Zwiebel
1 Lorbeerblatt
2 Gewürznelken
150 ml Fleischbrühe

Hackfleisch, Brät, Zwiebel und Kräuter miteinander vermengen, würzen. Zu einem länglichen Laib formen. Das Butterfett erhitzen, den Braten darin ringsum anbraten, mit dem Wein ablöschen, die Karotte und die mit Lorbeerblatt und Nelken besteckte Zwiebel dazulegen. Einige Min. köcheln, zugedeckt ca. 1 Std. garen, nach und nach die Fleischbrühe beigeben.

Künschtlerbrote (Ostschweiz)

Rinderbraten

1 kg Rinderbraten vom Stotzen
Salz, Pfeffer
50 g Spickspeck
2 Zimtstangen, der Länge nach zertrennt
4 Knoblauchzehen
1/2 TL Nelkenpulver
3 EL Butterfett (eingesottene Butter)
100 ml trockener Weißwein
2 EL Weißweinessig
3 EL Butter

Das Fleisch mit Speck, Zimt und Knoblauch spicken, mit Salz, Pfeffer und Nelkenpulver einreiben. 1 Tag lang ruhen lassen. Das Butterfett in einer Kasserolle erhitzen, das Fleisch darin anbraten, mit dem Wein und dem Essig ablöschen. Die Butterflocken darüber verteilen. Den Braten zugedeckt im auf 150°C vorgeheizten Ofen ca. 2 Std. garen, dabei hier und da umdrehen.

Appezöller Blätzli **(Appenzell)**

Appenzeller Schnitzel

2 EL	*Butterfett (eingesottene Butter)*
8	*dünne Schnitzel aus Kalbsfilet*
	Salz, Pfeffer
1	*Zwiebel, fein gehackt*
300 g	*Champignons, fein gehackt*
2 EL	*Petersilie, fein gehackt*
	Saft einer halben Zitrone
8	*dünne Scheiben Appenzeller Käse*

Das Butterfett erhitzen, das Fleisch darin anbraten. Nebeneinander in eine flache, ausgebutterte Gratinform legen, würzen. Im gleichen Fett zuerst die Zwiebel glasig dünsten, dann die Champignons und die Petersilie beigeben, den Zitronensaft darüber träufeln, einige Min. dünsten. Über die Schnitzel verteilen. Auf jedes Schnitzel eine Käsescheibe legen. Im auf 150°C vorgeheizten Backofen ca. 10 Min. backen, bis der Käse geschmolzen ist.

»Gsottus« **(Wallis)**

Siedfleisch

500 g	*Rindfleisch zum Kochen*
1 1/2 l	*Wasser*
1/4 l	*trockener Weißwein*
1	*Zwiebel, besteckt mit*
	1 Lorbeerblatt
	2 Gewürznelken
1	*Karotte*
1	*Lauchstange*
1/4	*Knollensellerie*
1	*Bund Petersilie*
	Salz, Pfeffer
1 EL	*Butterfett*
100 g	*Speckwürfel (geräuchert)*
1	*kleiner Kopf Weißkraut,*
	in feine Streifen geschnitten
500 g	*Kartoffeln, in Würfel geschnitten*
100 g	*Rundkornreis (Arborio)*

Das Fleisch mit dem Wasser, dem Wein, der Zwiebel und dem Suppengrün kalt aufsetzen. Würzen. 1 1/2 Std. köcheln lassen. Unterdessen das Butterfett erhitzen, den Speck darin auslassen, dann das Weißkraut beigeben, alles einige Min. durchdämpfen. Mit zwei Schöpflöffeln der entstandenen Fleischbrühe ablöschen. 20 Min. köcheln lassen, dann weitere Brühe beifügen. 1 Std. köcheln. Das Fleisch aus der Brühe heben und warm stellen. Das gekochte Kraut mit den Kartoffeln und dem Reis in die Brühe geben. Alles zusammen 20 Min. kochen. Das Fleisch in mundgerechte Würfel schneiden und wieder in den Eintopf geben.

Chalbsbrote **(Wallis)**

Kalbsbraten

750 g	*Kalbsbraten aus der Schulter*
	Salz, Pfeffer
2 EL	*Sonnenblumenöl*
1	*Karotte, in Scheiben geschnitten*
1/4	*Sellerieknolle, in Würfel geschnitten*
1/2	*Stange Lauch, in Streifen geschnitten*
1	*Petersilienwurzel, in Scheiben geschnitten*
1	*Zweig Majoran*
1/2 l	*Weißwein*
400 g	*weiße Rüben, in Scheiben geschnitten*
400 g	*Kartoffeln, in Scheiben geschnitten*
	Salz, Pfeffer
100 g	*Gruyère-Käse, gerieben*
2 EL	*Weißwein*

Das Fleisch würzen, das Öl heiß werden lassen, das Fleisch ringsum anbraten. Das Gemüse beigeben und auf kleinem Feuer weiterschmoren. Nach 1/4 Std. das Fett abgießen. Mit dem Wein ablöschen und eine weitere 1/2 Std. braten, dabei den Braten fleißig begießen. Wenn das Fleisch weich ist, aus dem Saft heben und warm stellen. Den Saft durchseihen.

Rüben- und Kartoffelscheiben 10 Min. blanchieren. Aus dem Blanchierwasser heben und lagenweise in eine ausgebutterte Auflaufform geben. Würzen und mit dem Käse bestreuen. Wenig Blanchierwasser und die zweite Weißweinportion dazugeben und im auf 180°C vorgeheizten Backofen 20 Min. gratinieren. Das Gemüse sollte noch Biss haben.

Den Braten in dünne Scheiben schneiden, auf eine vorgewärmte Platte legen und mit Bratensaft überziehen. Zusammen mit dem Gratin servieren.

Chalbsbrote (Kalbsbraten)

Chuttle Zürcher Art **(Zürich)**

Kaldaunen Zürcher Art

2 EL Butter
1 Zwiebel, fein gehackt
1 Lauchstange, in Streifen geschnitten
600 g Kutteln (Kaldaunen) in Streifen geschnitten, vom Metzger vorgekocht
1 Karotte, geschält
1/4 Sellerieknolle, geschält
1 TL Zitronensaft
1 EL Mehl
100 ml Fleischbrühe
200 ml trockener Weißwein
Salz, Pfeffer
1 TL Majoran, gerebelt
1/2 TL Kümmelsamen
1 Lorbeerblatt

Die Butter zergehen lassen, Zwiebel und Lauch darin andünsten, Kutteln, Karotte, Sellerie und Zitronensaft beigeben, kurz mitdünsten, mit dem Mehl bestäuben, mit der Fleischbrühe und dem Weißwein ablöschen, würzen. 1 Std. auf kleinem Feuer köcheln. Karotte, Sellerie und Lorbeerblatt entfernen, evtl. nachwürzen. Am besten passen Pell- oder Salzkartoffeln dazu.

Züri Gschnätzlets **(Zürich)**

Zürcher Geschnetzeltes

2 EL Butterfett
600 g Kalbfleisch (von Hand geschnetzelt)
Salz, Pfeffer
1 EL Basilikum, gehackt
1 Zwiebel, fein gehackt
250 g Champignons, blättrig geschnitten
100 ml trockener Weißwein
1/4 l Sahne
1 TL Butter
1/2 TL Mehl
abgeriebene Schale einer halben Zitrone
1 Bund Petersilie, fein gehackt

Das Butterfett erhitzen, das Fleisch in drei bis vier Portionen rasch ringsum anbraten, würzen, Basilikum beigeben, aus dem Fett nehmen, warm stellen. Im gleichen Fett die Zwiebel glasig dünsten, dann die Pilze einige Min. mitdämpfen. Mit dem Wein ablöschen, aufkochen, die Sahne beigeben. Butter und Mehl miteinander verkneten, zum Binden der Sauce beigeben, ebenso die Zitronenschale, evtl. nachwürzen. Das Fleisch beigeben, nochmals aufkochen, mit Petersilie bestreut servieren. Dazu gehört eine Rösti, siehe Rezept Seite 154.

Züri Gschnätzlets (Zürcher Geschnetzeltes)

Coniglio con funghi **(Tessin)**

Kaninchen mit Steinpilzen

2 EL	*Butterfett (eingesottene Butter)*
100 g	*Speckwürfel*
1 kg	*Kaninchenragout*
1 TL	*Mehl*
1	*Karotte*
1	*Knoblauchzehe, gepresst*
1	*Zwiebel, gehackt*
1	*Lorbeerblatt*
2	*Gewürznelken*
200 ml	*trockener Rotwein*
200 ml	*Fleischbrühe*
1 EL	*Petersilie, fein gehackt*
1	*Zweig Rosmarin*
1	*Zweig Thymian*
1	*Zweig Salbei*
	Salz, Pfeffer
250 g	*Steinpilze, blättrig geschnitten*
1	*Kaninchenleber, gehackt*
100 ml	*Sahne*
2 EL	*Tomatenmark*

Das Butterfett erhitzen, zuerst die Speckwürfel, dann auch das Kaninchenfleisch darin anbraten. Mit dem Mehl bestäuben.

Karotte, Zwiebel und Gewürze beigeben, mit dem Wein und der Brühe ablöschen, Kräuter dazulegen, würzen. 1 Std. zugedeckt schmoren. Die Pilze beigeben, weitere 10 Min. schmoren. Fleisch und Pilze aus der Sauce entfernen, warm stellen. Die Sauce auf großem Feuer auf die Hälfte einkochen lassen. Gewürze und die Karotte entfernen. Die Leber mit der Sahne und dem Tomatenmark mischen. Zur Sauce geben, nochmals erhitzen. Die Sauce über dem Fleisch anrichten.

Coniglio con funghi (Kaninchen mit Steinpilzen)

Lachs auf Basler Art **(Basel)**

3 EL Butter
3 Zwiebeln, in Ringe geschnitten
4 fingerdicke Scheiben frischer Lachs
Salz, Pfeffer
3 EL Butter
5 EL Fischfond oder Fleischbrühe

Die Butter zergehen lassen, die Zwiebelringe darin hellbraun dämpfen. Mit der Schöpfkelle aus der Bratpfanne heben. Die Fischscheiben beidseitig würzen. Die zweite Butterportion schmelzen, den Lachs beidseitig je 4 Min. braten, dabei nach und nach den Fischfond beigeben. Die Fischscheiben auf eine vorgewärmte Platte legen, warm stellen, evtl. noch etwas Fischfond in die Bratpfanne geben, um den Bratensatz zu lösen, die Zwiebeln darin aufkochen. Auf die Lachstranchen anrichten. Petersilienkartoffeln und Blattsalat dazu servieren.

Lachs auf Basler Art

Eglifilets an Weißwein **(Waadt)**

Eglifilets an Weißwein

600 g	*Eglifilets*
	Salz, Pfeffer
1 TL	*Estragon, fein gehackt*
1 TL	*Dill, fein gehackt*
1 TL	*Petersilie, fein gehackt*
1 TL	*Thymian, fein gehackt*
1 TL	*Majoran, fein gehackt*
2 EL	*Butter*
3	*Schalotten, fein gehackt*
200 ml	*trockener Weißwein*
100 ml	*Crème double (Doppelrahm)*
100 g	*Butter*

Die Filets würzen und beidseitig mit den Kräutern bestreuen. 1 Std. ruhen lassen. Die Butter zergehen lassen, die Schalotten darin glasig dünsten, mit dem Wein ablöschen. Den Fisch in diese Sauce legen und 10 Min. ziehen lassen. Den Fisch herausnehmen und auf einer Platte warm stellen. Den Sud auf die Hälfte einkochen lassen, die Crème double einrühren, einige Min. köcheln. Die Butter nach und nach zugeben, dabei mit dem Schneebesen tüchtig schlagen, evtl. nachwürzen. Den Fisch mit dieser Sauce überziehen und sofort servieren. Salzkartoffeln und ein Blattsalat gehören dazu.

Egli (Barsch) oder Felchen Zürcher Art **(Zürich)**

750 g Eglifilets
Saft einer Zitrone
Salz, Pfeffer
4 Schalotten, fein gehackt
1/4 l trockener Weißwein
100 g Butter
1 TL Mehl
1 TL Majoran, gerebelt
1/2 TL Estragon
1 TL Thymian
1 Salbeiblatt
3 Kerbelzweige
1 Knoblauchzehe, gepresst
1 Eigelb
3 EL Sahne

Den Fisch mit Zitronensaft beträufeln, salzen, pfeffern, 1/2 Std. kalt stellen. Eine Gratinform ausbuttern, die Filets hineinlegen, mit den Schalotten bestreuen, den Wein darüber träufeln. Im auf 220°C vorgeheizten Ofen 10 Min. dünsten. Die Butter mit den Kräutern, Mehl, Knoblauch, Sahne und Eigelb schaumig rühren und über die Fische geben. Die Gratinform hin und her bewegen, damit sich diese Sauce mit dem Wein verbinden kann. Nochmals für 8 Min. bei 250°C in den Ofen geben.
Dazu gehören Salzkartoffeln.

Felchen Luzerner Art **(Luzern)**

4 Felchen, ausgenommen
Salz, Pfeffer
Saft einer halben Zitrone
1 EL Worchester-Sauce
3 EL Mehl
100 ml Sonnenblumenöl
2 EL Butter
150 g Champignons, blättrig geschnitten
2 EL Petersilie, fein gehackt
1 EL Kapern
2 EL Butter
2 Tomaten, in Scheiben geschnitten
Salz, Pfeffer
einige Petersilienzweige
4 Zitronenscheiben

Die Fische trockentupfen, würzen, Zitronensaft und Worchester-Sauce miteinander mischen, über die Fische gießen, 1 Std. marinieren. Die Fische in Mehl wenden. Das Öl erhitzen, die Fische darin nach Müllerinart beidseitig braten, filetieren und auf einer vorgewärmten Platte anrichten. Warm stellen.
Die Butter bräunen lassen, Pilze, Petersilie und Kapern beigeben. Die zweite Butterportion zergehen lassen, die Tomatenscheiben darin dünsten. Zuerst das Pilzgemisch, dann die Tomatenscheiben über die Fischfilets geben, würzen, mit den Petersilienzweigen und den Zitronenscheiben garnieren.
Dazu gehören Salzkartoffeln und ein grüner Salat.

Eglifilet Zürcher Art

Zander an Rotweinsauce **(Ostschweiz)**

800 g Zanderfilets
1 EL Zitronensaft
Salz, Pfeffer
3 EL Milch
2 EL Mehl
2 EL Butterfett (eingesottene Butter)
1–2 Schalotten, fein gehackt
1 EL Mehl
200 ml trockener, leichter Rotwein
200 ml Hühner- oder Gemüsebrühe
2 EL frische Butter in Flocken
evtl. Salz und Pfeffer
2 EL Petersilie, fein gehackt

Die Fischfilets beidseitig mit dem Zitronensaft beträufeln, würzen, 2 Std. ziehen lassen. Zuerst in der Milch, dann im Mehl wenden. Das Butterfett erhitzen, die Fische darin auf jeder Seite 3-4 Min. braten. Aus der Bratpfanne nehmen und warm stellen. Im Fond die Schalotten glasig dünsten, die zweite Mehlportion darüber stäuben, einige Minuten ziehen lassen, mit dem Rotwein ablöschen. Mit dem Schneebesen tüchtig durchrühren, damit keine Mehlknöllchen entstehen, dann die Brühe beifügen. Alles einige Min. köcheln lassen, dann die Butter nach und nach darunterschlagen, evtl. nachwürzen. Die Sauce über die Fische gießen. Mit Petersilie bestreut servieren.

Zander an Rotweinsauce

Gedämpftes Huhn (Schwyz)

2 EL Butter
2 Zwiebeln, fein geschnitten
2 Karotten, in Rädchen geschnitten
1 Lauchstange, in Streifen geschnitten
1 kleine Sellerieknolle, in Scheibchen geschnitten
1 l Hühnerbrühe
1 Poulet, ca. 1200 g schwer, in 8 Teile zerteilt
2 Lorbeerblätter
2 Gewürznelken
4 Pfefferkörner

Die Butter schmelzen, die Gemüse darin 5 Min. andünsten, mit der Fleischbrühe ablöschen, die Gewürze beigeben. Alles 1/2 Std. kochen. Das Huhn in die Brühe geben und weich kochen (ca. 20 Min.). Falls man ein Suppenhuhn verwendet, verlängert sich natürlich die Kochzeit.

Gedämpftes Huhn

Gefülltes Huhn Waadtländer Art

(Waadt)

Füllung:

1 EL Butter
250 g Reis (Arborio)
ca. 600 ml Hühnerbrühe
125 g Saucisson (Ersatz: Mettwurst), fein geschnitten

Poulet:

1 Poulet, ca. 1,2 kg schwer
Salz, Pfeffer
2 EL Bratbutter
1/4 l Hühnerbrühe

Für die Füllung die Butter zergehen lassen, den Reis beigeben, durchdämpfen, die Brühe und die Wurststückchen beigeben, ca. 1/4 Std. köcheln.
Unterdessen das Poulet innen und außen leicht würzen. Die Füllung hineingeben. Das Poulet mit einigen Stichen zunähen, die Bratbutter in einer Kasserolle erhitzen, das Poulet ringsum anbraten, mit etwas Brühe ablöschen, zugedeckt ca. 1 Std. schmoren, dabei nach und nach die Brühe beigeben.
Zum Servieren das Poulet zerlegen, die Füllung in die Mitte einer vorgewärmten Platte geben, die Pouletstücke ringsum arrangieren. Blatt- oder Tomatensalat dazu servieren.

Gefülltes Huhn, Waadtländer Art

Gmüesröschti (Gemüserösti)

Gmüesröschti **(Schwyz)**

Gemüserösti

300 g	*Karotten, geschält, auf der Rösti-Raffel gerieben*
800 g	*Kartoffeln, geschält, auf der Rösti-Raffel gerieben*
1 Bund	*Petersilie, fein gehackt*
1 TL	*Salz*
	Pfeffer, Muskat
2 EL	*Butterfett*
2 EL	*Wasser*
1 EL	*Butterfett*

Gemüse, Kartoffeln, Petersilie und Gewürze miteinander gut vermengen. Das Butterfett erhitzen, die Rösti darin 10 Min. braten, dabei ständig wenden. Zu einem Fladen drücken, zugedeckt eine weitere Viertelstunde auf kleinem Feuer braten, mithilfe eines Tellers wenden, das Wasser dem Rand entlang dazuträufeln, ebenso das Butterfett beigeben, nochmals zugedeckt auf kleiner Flamme braten. Gewendet servieren.

Röschti **(ganze Deutschschweiz)**

Rösti

Hier muss angefügt werden, dass »richtig Rösti braten« beinahe eine Glaubensfrage ist. Genauso die Zugabe von Zwiebeln oder keinen Zwiebeln, Speck oder keinem Speck, Käse oder nicht Käse. Aber keine Frage: Jede Hausfrau hat das allerbeste, einzig wahre Rezept.

800 g	*am Vortag in der Schale gekochte Kartoffeln, geschält, grob geraffelt*
2 TL	*Salz*
2 x 2 EL	*Butter*
2 EL	*Wasser*

Die Kartoffeln und das Salz gut miteinander vermengen. Eine Butterportion zergehen lassen, die Kartoffeln beigeben. Ca. 10 Min. gut durchbraten. Die Röschti mit einer Bratschaufel zu einem kompakten Fladen zusammendrücken. Mit einem Teller bedecken. Auf kleinstem Feuer ca. 10 Min. braten. Die durch einen Topflappen geschützte rechte Hand auf den Teller legen. Mit der linken Hand die Bratpfanne hochheben, dabei Pfanne und Teller gut zusammendrücken. Umdrehen. Die Röschti liegt jetzt auf dem Teller. In der Bratpfanne die zweite Butterportion schmelzen, den Röschti-Fladen mit dem gebratenen Teil nach oben zurück in die Pfanne gleiten lassen. Ringsum dem Pfannenrand entlang das Wasser beigeben (die Röschti wird dadurch feuchter und knuspriger). Wiederum mit dem Teller zudecken. Auch die zweite Hälfte goldbraun braten (10 Min.). Die fertig gebratene Röschti wieder auf den Teller stürzen und so servieren.

Rösti reicht man als Beilage zu Fleisch-, Gemüse- oder Salatgerichten oder mit Spiegeleiern oder gebratenem Fleischkäse oder mit heißen Schweinswürstchen oder Wienerli.

Maluns **(Graubünden)**

800 g	*am Vortag in der Schale gekochte Kartoffeln, geschält, grob geraffelt*
250 g	*Weißmehl*
2 TL	*Salz*
4 EL	*Sonnenblumenöl*
2 EL	*Butter*

Kartoffeln, Mehl und Salz in einer Schüssel mit den Händen gut verreiben. In vier Portionen teilen. 1 EL Öl heiß werden lassen.
Eine Portion darin so lange braten und ständig wenden, bis gleichmäßig goldbraune, knusprige Kügelchen entstanden sind. Mit jeder Portion so verfahren (ich arbeite mit zwei Bratpfannen). Zum Schluss die Butter erhitzen und alle vier Portionen darin nochmals durchbraten.
Dazu gehören Milchkaffee und Apfelmus oder Alpkäse.

Maluns

Tatsch **(Graubünden)**

Zerstoßener Pfannkuchen

4	*Eier, verklopft*
1 TL	*Salz*
100 ml	*Milch*
100 ml	*Wasser*
300 g	*Mehl*
3 EL	*Butterfett*

Eier, Salz, Milch, Wasser und Mehl miteinander zu einem Teig verarbeiten. 1 Std. stehen lassen. 1 EL Butterfett erhitzen, 2 Schöpfkellen Teig beigeben. Einen dicken Pfannkuchen backen und diesen, sobald er beidseitig gebacken ist, mit der Bratschaufel in kleine Stücke zerstoßen. Mit dem restlichen Fett und Teig gleich verfahren. Dazu gehören Apfelmus oder ein Stück Käse und Milchkaffee.

Und dann gibt es noch eine besonders begehrte Variante: nämlich

Schnapstatsch

Diesen macht man genau gleich, übergießt aber jede fertig gebackene Portion noch mit 1 EL Kräuterschnaps.

Tatsch (zerstoßener Pfannkuchen)

Sossegummeli **(Schwyz)**

Saucenkartoffeln

Sossegummeli (Saucenkartoffeln)

3 EL	*Butter*
3 EL	*Mehl*
3/4 l	*Fleischbrühe*
1	*Lorbeerblatt*
2	*Gewürznelken*
800 g	*Kartoffeln, roh, geschält, in Scheibchen geschnitten*
2 EL	*Weißweinessig*
100 ml	*Sauerrahm*
	Muskatnuss
2 EL	*Petersilie, fein gehackt*

Die Butter in einem Kochtopf zergehen lassen, das Mehl darin hellbraun rösten. Den Kochtopf vom Feuer nehmen, die Fleischbrühe beigeben. Eine glatte Sauce rühren. Die Gewürze beigeben, aufkochen. Die Kartoffeln beigeben, auf kleinem Feuer weich kochen. Essig und Sauerrahm beigeben, nochmals aufkochen. Die Gewürze entfernen, mit dem Muskat abschmecken. Vor dem Servieren mit Petersilie bestreuen.

Gummelisalat (Schwyz)

Kartoffelsalat

1 kg	*festkochende Kartoffeln*
1 EL	*Sonnenblumenöl*
1	*Zwiebel, fein gehackt*
1 TL	*mittelscharfer Senf*
	Salz, Pfeffer
2 EL	*Weißweinessig*
3 EL	*Sonnenblumenöl*
1/4 l	*Fleischbrühe*
2 EL	*Schnittlauch, fein gehackt*

Die Kartoffeln in der Schale kochen, schälen, in Scheiben schneiden.
Das Öl erhitzen, die Zwiebel darin weich dämpfen (aber nicht braun werden lassen!!).
Aus Senf, Salz, Pfeffer, Essig und Öl eine Salatsauce rühren, die Zwiebeln beigeben. Die Kartoffelscheiben dazumischen. Die kochende Fleischbrühe darüber gießen, nochmals durchmischen, mit dem Schnittlauch bestreut anrichten.

Stielmangold mit Tomatensauce (Tessin)

1 l	*Wasser*
1 EL	*Salz*
600 g	*Stielmangold mit Blattgrün in 5 cm breite Streifen geschnitten*
2 EL	*Butter*
1	*Zwiebel, fein gehackt*
1	*Knoblauchzehe, gepresst*
1/4	*Sellerieknolle, geschält, fein gerieben oder 1 Rippe Bleichsellerie, ganz fein geschnitten*
1	*Karotte, fein gerieben*
1 TL	*Thymianblätter*
1	*Lorbeerblatt*
1	*Kartoffel, roh, geschält, fein gerieben*
500 g	*Tomaten, in Schnitze zerteilt*
1/4 l	*Sud*
	Salz, Pfeffer
1 Prise	*Zucker*
100 g	*Parmesankäse, gerieben*

Wasser und Salz aufkochen, den Stielmangold darin ca. 1/4 Std. kochen, abseihen, warm stellen, 1/4 l Sud zurückbehalten.
Die Butter zergehen lassen, Zwiebel, Knoblauch, Sellerie, Karotte, Thymian, Lorbeerblatt, Kartoffeln und Tomaten beigeben, mitdämpfen. Mit dem Sud ablöschen, 1/2 Std. köcheln lassen. Dieses Gemüse mixen oder durch ein Sieb streichen, würzen, alles nochmals heiß werden lassen. Den Mangold auf Tellern anrichten und die Tomatensauce darüber geben.
Den Käse separat dazu servieren.

Stielmangold mit Tomatensauce

Pesto für Spaghetti **(Tessin)**

Für Pesto kann man Bärlauch, Rucola, Petersilie und/oder Basilikum verwenden. Für meinen Geschmack ist Bärlauch am besten. Den muss man aber im Frühjahr pflücken, bevor er blüht. Wir machen uns dann einen Vorrat, der mindestens 1/2 Jahr haltbar ist:
Die Blätter 1/4 Std. in Essigwasser legen, gut abtrocknen, in den Mixer pressen und mit so viel Olivenöl auffüllen, dass das Mixmesser gut greift. Möglichst fein mixen. In Schraubdeckel-Gläser abfüllen. Auf die Oberfläche 1/2 cm hoch noch zusätzliches Olivenöl gießen. Verschließen, kühl aber nicht im Kühlschrank aufbewahren.

Pro Person rechne ich

1 EL Pesto
1 EL Olivenöl
Salz, Pfeffer
2 EL Spaghettiwasser
1 Hand voll Pinienkerne
2 EL Parmesan oder Sbrinzkäse, gerieben

Verwende ich Rucola-, Basilikum- oder Petersilienpesto, gebe ich zusätzlich noch pro Person 1/2 gepresste Knoblauchzehe bei.

Die Spaghetti al dente kochen, portionsweise in vorgewärmte Teller anrichten, in der Mitte eine Vertiefung machen und 2–3 EL Pesto hineingeben.

Genfer Salat **(Genf)**

3 EL Sonnenblumenöl
5 EL Crème fraîche
1 EL mittelscharfer Senf
2 EL Weißweinessig
1 Zwiebel, fein gehackt
1 TL Kümmel
Salz, Pfeffer
500 g Kartoffeln, in der Schale gekocht, geschält, in Würfel geschnitten
200 g Saucissons (Schweinswürste), geschält, in Würfel geschnitten
200 g Gruyère-Käse, in Würfel geschnitten
2 Gewürzgurken, in Würfel geschnitten
1 EL Speckwürfel

Aus Öl, Crème fraîche, Senf, Weißweinessig, Zwiebel, Kümmel, Salz und Pfeffer eine Salatsauce zubereiten. Die restlichen Zutaten nach und nach beigeben, immer wieder gut durchmischen. 2 Std. kühl stellen. Dazu gehören Schwarzbrot und ein kühles Bier.

Genfer Salat

Malakoff **(Genf)**

Überbackener Käsetoast

600 g Gruyère-Käse, gerieben
3 EL Mehl
3 Eier
2 Knoblauchzehen, gepresst
Pfeffer
50 ml Kirschwasser
8 Scheiben Brot

Käse, Mehl, Eier, Knoblauch, Pfeffer und Kirschwasser zu einem Teig rühren. Diesen auf die Brotscheiben häufen. Auf einem Backblech im auf 200°C vorgeheizten Ofen 5 Min. backen.
Blatt- oder Tomatensalat dazu servieren.

»Ramequins« **(Franz. Schweiz)**

Käsegratin

8 Scheiben Toastbrot
50 ml trockener Weißwein
8 Scheiben Gruyère-Käse
1/2 l Milch
2 Eier
Salz, Pfeffer, Muskat

Das Brot toasten, mit Wein beträufeln. Auf jede Brotscheibe eine Scheibe Käse legen. Diese ziegelartig in eine bebutterte Auflaufform schichten. Milch und Eier miteinander verquirlen und würzen. Über die Brotscheiben gießen. 1/2 Std. im auf 180°C vorgeheizten Ofen überbacken. Blatt- oder Tomatensalat dazu servieren.

Malakoff (überbackener Käsetoast)

Fribourger Fondue Moitié-Moitié
(Fribourg)

Für dieses Rezept braucht man spezielle Geräte: ein Caquelon (feuerfestes Keramikgeschirr mit Stiel, das sich auf die Kochplatte stellen lässt) sowie ein Rechaud (Spirituskocher, der sich auf den Esstisch stellen lässt) und vier Fonduegabeln (zweizinkige Gabeln mit langem Stiel, an denen sich die Brotwürfel aufspießen lassen)

- 1 *Knoblauchzehe*
- 300 g *trockener Weißwein (Original wäre Fendant, Ersatz: Gutedel, trockener Riesling)*
- 300 g *Greyerzer-Käse, gerieben*
- 300 g *Freiburger Vacherin (Ersatz: Emmentaler- oder Appenzellerkäse, aber dann ist es kein Freiburger Fondue)*
- 2 TL *Stärkemehl (Maizena, Mondamin, Kartoffelmehl)*
- 1 *Schnapsgläschen Kirschwasser*
- *Pfeffer, Muskat*
- *evtl. Saft 1/2 Zitrone*
- 800 g *Weißbrot vom Vortag, in Würfel geschnitten, wobei jeder Würfel etwas Rinde haben sollte*

Das Caquelon mit dem Knoblauch ausreiben und auf dem Kochherd auf die Kochplatte stellen. Wein beigeben, diesen erwärmen, dann nach und nach den Käse beigeben und – in Achterform rührend – die Wein-Käsemischung aufkochen. Das Stärkemehl mit dem Kirschwasser verrühren, beigeben, alles nochmals aufkochen, damit eine schöne Crème entsteht. Würzen. Falls sich ein Klumpen bilden würde, enthält der Wein zu wenig Säure. Korrigieren durch Zugabe von etwas Zitronensaft.

Das Rechaud anzünden, das Caquelon darauf stellen. Die Gäste bedienen sich mit einer Hand voll Brotwürfel, die nach und nach auf die Gabel gespießt und dann ins Fondue getunkt werden.

Achtung: Als Getränk empfiehlt sich Schwarztee (Wein kann Magenschmerzen verursachen) und evtl. nach Verzehr der halben Portion Fondue ein Glas Kirschwasser.

Fribourger Fondue Moitié-Moitié

Chäs-Chueche **(Schwyz)**

Käsekuchen (der in der Schweiz immer salzig ist. Süßer »Käsekuchen« heißt »Quarkchueche«)

ca. 300 g	*Brotteig*
1 EL	*Butter*
1	*große Zwiebel, fein gehackt*
500 g	*Emmentaler-Käse, gerieben*
2	*Eier, zerklopft*
	Salz, Pfeffer
ca. 1/4 l	*Milch*

Den Brotteig so ausrollen, dass man eine Springform von 30 cm Durchmesser damit auslegen und auch den Rand damit bedecken kann. Die Butter schmelzen, die Zwiebel darin glasig dämpfen. Den Käse, die Eier und die Zwiebel miteinander vermengen, evtl. etwas Milch beigeben, würzen (Achtung: der Käse enthält schon Salz!). Diesen Belag auf den Brotteig verteilen. Im auf 180°C vorgeheizten Backofen 1/2 Std. backen. Dazu serviert man »Saucengummeli« (siehe Rezept Seite 157).

Käsekuchen Greyerzer Art **(Fribourg)**

Die angegebenen Mengen reichen für zwei Springformen à 24 cm Durchmesser

Teig:

200 g	*Mehl*
100 g	*Butter (kalt, in kleine Stücke zertrennt)*
ca. 3 EL	*Wasser, kalt*
1 Prise	*Salz*

Füllung:

250 g	*Greyerzer Käse, gerieben*
1/2 l	*Crème double de Gruyère (Doppelrahm)*
100 ml	*Milch*
1 EL	*Mehl*
6	*Eier, verquirlt*
	Pfeffer, Muskat

Teig: Das Mehl in eine Schüssel sieben, die Butter dazugeben und beides mit den Händen (auch diese möglichst kalt) verreiben, bis eine krümelige Masse entstanden ist. Diese in der Mitte etwas eindrücken, Wasser und Salz hineingeben. Mit einem Kochlöffel oder Teigschaber vermengen, bis der Teig nicht mehr klebt. Nicht kneten, sonst wird er zäh. 1/2 Std. mit einer Schüssel bedeckt kalt stellen, halbieren, beide Hälften ausrollen, die Springformen damit belegen, mit einer Gabel einstechen.

Füllung: Den Käse in die beiden Formen verteilen, die übrigen Zutaten miteinander vermengen, über den Käse gießen. Im auf 200°C vorgeheizten Backofen ca. 3/4 Std. backen.

1994 - 2004
ZEHN JAHRE
Heinz
Sielmann
Stiftung

Frohe
Weihnachten

Wurschtwegge **(Basel)**

Wurst im Teig

Sehr gut!

1	*altbackenes Brötchen, in Würfel geschnitten*
5 EL	*Milch, heiß*
1 EL	*Butter*
2	*Schalotten, fein gehackt*
300 g	*Schweinefleisch, gehackt*
1 Bund	*Petersilie, fein gehackt*
	Salz, Pfeffer, Muskat
500 g	*Blätterteig*
	Eigelb

Die Brotwürfel mit der Milch übergießen, 1/2 Std. stehen lassen, ausdrücken. Die Butter heiß werden lassen, die Schalotten darin dämpfen. Brot, Schalotten, Fleisch und Petersilie miteinander vermengen, würzen. Aus dieser Masse 12 ca. 8 cm lange Würstchen formen.
Den Blätterteig ca. 1 mm dick zu einem Rechteck ausrollen und in 12 ca. 8 x 10 cm große Rechtecke schneiden. Auf jedes Blatt ein Würstchen legen. Den Teig darumschlagen und den Teigrand mit Wasser bepinseln, an den Kanten zusammenkleben. Auf ein gefettetes Backblech legen, mit dem Eigelb bepinseln. Im auf 250°C vorgeheizten Backofen ca. 10 Min. backen, dann die Hitze auf 200°C reduzieren und nochmals 10 Min. backen.
Wurst im Teig isst man zum »Znüni« (Vormittagsimbiss) oder zum Mittagessen, dann mit einem grünen oder Tomatensalat.

Wurschtwegge (Wurst im Teig)

Züpfe **(Bern)**

Butterzopf ohne Zucker

1	*Hefewürfel*
100 ml	*Wasser*
1 kg	*Weißmehl (Typ 405)*
25 g	*Salz*
1/2 l	*Milch*
150 g	*Butter*
1	*Eigelb*

Den Hefewürfel im Wasser auflösen. 1/4 Std. stehen lassen. Unterdessen das Mehl in eine Schüssel sieben. In der Mitte eine Vertiefung machen. Die Hefe-Wasser-Mischung hineingeben, etwas Mehl dazurühren. 1/4 Std. stehen lassen. Das Salz dem Schüsselrand entlang einstreuen. Die Milch erwärmen, die Butter darin auflösen. Achtung: das Milch-Butter-Gemisch darf nicht wärmer als 35°C sein, wenn man es ins Mehl einarbeitet! Zuerst mit dem Kochlöffel, dann mit den Händen zu einem Teig verarbeiten. Diesen auf einer trockenen Arbeitsfläche gut durchkneten. Zu einer Kugel formen, in die Teigschüssel zurückgeben. Mit einem feuchten Tuch zugedeckt an einem warmen Ort (mindestens 20°C) 2 Std. gehen lassen. Den Teig von neuem durchkneten. Den Teig in zwei Hälften teilen. Daraus für einen 4-strangigen Zopf je zwei Teigrollen von etwa 60 cm Länge ausrollen; für einen 3-strangigen Zopf je drei Rollen von ca. 40 cm Länge. Zu zwei Zöpfen flechten. Auf zwei mit Backpapier belegte Backbleche legen. Mit einem feuchten Tuch bedeckt nochmals 1/2 Std. gehen lassen. Den Ofen auf 220°C vorheizen. Die Zöpfe mit dem Eigelb bepinseln. Erst einschieben, wenn die richtige Backofentemperatur erreicht ist. 3/4 Std. backen, dann die Temperatur auf 180°C reduzieren. Nochmals ca. 1/4 Std. backen. Evtl. umgedreht erneut 5 Min. backen, falls der Boden noch nicht schön gebräunt ist.
Auf einem Gitter auskühlen lassen.
Kann tiefgekühlt 3 Monate lang aufbewahrt werden.

Cuquettes **(Fribourg)**

1	*Eigelb*
2 EL	*Zucker*
300 ml	*Crème de Gruyère (Doppelrahm)*
	Salz
400 g	*Mehl*
100 g	*Butter in Flocken*
2 EL	*Zucker*

Eigelb und Zucker cremig rühren, Rahm und Salz beigeben, das Mehl nach und nach dazusieben. Es muss ein fester Teig entstehen. Diesen 1 Std. kühl stellen, dann zu einem 1 cm dicken Rechteck ausrollen. Die Butterflocken darauf verteilen. Das Rechteck zweimal zusammenfalten, sodass der Teig in vier Schichten aufeinanderliegt. 10 Min. kalt stellen. Diesen Vorgang dreimal wiederholen. Den Teig über Nacht kalt stellen. Kleine Kugeln abstechen und diese etwa 2 mm dünn etwa zur Größe eines Desserttellers ausrollen. Auf ein gefettetes Backblech legen. In der Mitte der Fladen mit dem Teigrädchen parallele Schnitte im Abstand von 1 1/2 cm anbringen, aber rundherum einen Rand von ca. 2 cm stehen lassen, damit die Fladen nicht auseinander fallen. Mit dem Zucker bestreuen und im auf 220°C vorgeheizten Backofen ca. 20 Min. backen. Sie müssen goldgelb sein.

Züpfe (Butterzopf ohne Zucker)

Einsiedler Ofetoori **(Innerschweiz)**

Käse/Zwiebelkuchen mit Kartoffelteig

Teig:

750 g	*in der Schale gekochte Kartoffeln, wie Rösti geraffelt*
250 g	*Mehl*
125 g	*Butter*

Belag:

600 g	*Sbrinz- oder Gruyère-Käse (Ersatz: Parmesan), gerieben*
3	*Eier*
300 ml	*Sahne*
600 g	*Zwiebeln, fein gehackt*
	Pfeffer
300 g	*Speckwürfel*

Aus den Teigzutaten einen festen Teig kneten, diesen ca. 1 cm dick ausrollen und auf ein gefettetes Kuchenblech legen.
Für den Belag Käse, Eier, Sahne und Zwiebeln miteinander vermengen, pfeffern. Über den Teig verteilen, die Speckwürfel darüber streuen. Im auf 200°C vorgeheizten Backofen ca. 1/2 Std. backen. Grünen Salat oder Tomatensalat dazu reichen.

Einsiedler Ofetoori (Käse/Zwiebelkuchen)

Stächelbärger Härdöpfelturte **(Bern)**

Kartoffeltorte

125 g	*Butter, Zimmertemperatur*
250 g	*Zucker*
5	*Eigelb*
150 g	*Mandeln, gerieben*
	abgeriebene Schale einer Zitrone
250 g	*Kartoffeln, in der Schale gekocht, durchgepresst*
1	*Briefchen Backpulver*
5	*Eiweiß, steif geschlagen*
2 EL	*Paniermehl*

Die Butter schaumig rühren, Eigelb, Zucker, Zitronenschale und Mandeln beigeben. Einige Min. rühren. Die Kartoffeln und das Backpulver dazurühren. Zuletzt das Eiweiß unterheben. Alles in eine bebutterte, mit Paniermehl ausgestreute Springform von 26 cm Durchmesser einfüllen und im auf 175°C vorgeheizten Ofen ca. 3/4 Std. backen.

Weinkuchen **(Waadt)**

Teig:

200 g	*Mehl*
100 g	*Butter in Flöckchen, möglichst kalt*
1	*Ei*
2 EL	*Weißwein oder Wasser*
1 Prise	*Salz*

Füllung:

1 EL	*Mehl*
4 EL	*Zucker*
100 ml	*trockener Weiß- oder Rotwein*
100 ml	*Sahne*
50 g	*Butter in Flöckchen*
1/2 TL	*Zimt*

Teig: Das Mehl in eine Schüssel sieben, die übrigen Zutaten beigeben. Alles mit Hilfe eines Teigschabers gut vermengen, mit möglichst kalten Händen rasch zusammendrücken (nicht kneten!). Zugedeckt 1 Std. kalt stellen, ausrollen, eine Springform von 24 cm Durchmesser damit belegen, am Rand etwas hochziehen, den Boden mit einer Gabel einstechen.

Füllung: Das Mehl über den Teigboden streuen, ebenso die Hälfte des Zuckers. Wein und Sahne miteinander verrühren, über den Boden gießen, mit den Butterflocken bestreuen, den Zimt und den restlichen Zucker darüber verteilen. Im auf 220°C vorgeheizten Ofen ca. 1/2 Std. backen.

Nidlechueche **(Innerschweiz)**

Sahnekuchen

Teig:

200 g	*Mehl*
1/2 TL	*Salz*
100 g	*Butter, kalt, in Flöckchen geschnitten*
ca. 100 ml	*Wasser, möglichst kalt*
3 EL	*Haselnüsse, gemahlen*

Füllung:

2	*Eier*
6 EL	*Zucker*
180 ml	*Sahne*
180 ml	*Milch*
2 EL	*Mehl*
2 EL	*Puderzucker*

Für den Teig Mehl und Salz mischen, die Butterflöckchen dazugeben und alles mit möglichst kalten Händen zu einer krümeligen Masse verreiben. In die Mitte des Teiges eine Mulde drücken, das Wasser portionsweise beigeben und mit dem Teigschaber unterarbeiten. Nicht kneten! Den zu einer Kugel geformten Teig 1/2 Std. kühl stellen, auf wenig Mehl ausrollen und auf ein gefettetes Kuchenblech von 28 cm Durchmesser legen. Mit einer Gabel einstechen, die Nüsse darauf verteilen.

Für die Füllung Eier, Zucker, Sahne, Milch und Mehl miteinander vermengen, auf den Kuchenboden gießen. Im auf 200°C vorgeheizten Backofen ca. 10 Min. backen, dann die Hitze auf 180°C reduzieren und weitere 3/4 Std. backen. Ausgekühlt mit dem Puderzucker, den man durch ein Sieb streicht, bestreuen.

Nidlechueche (Sahnekuchen)

Bergeller Nusskuchen **(Graubünden)**

Bergeller Nusskuchen

3	*Eier*
180 g	*Zucker*
150 g	*Butter, Zimmertemperatur*
100 g	*Sultaninen*
100 g	*Walnüsse, grob gehackt*
100 ml	*Milch*
1 Prise	*Salz*
300 g	*Mehl*
1	*Briefchen Backpulver*
2 EL	*Pinienkerne (Ersatz: grob gehackte, geschälte Mandeln)*

Eier und Zucker schaumig rühren, Butter beigeben. Alles zu einem kompakten Teig verkneten, dann Sultaninen, Nüsse, Milch und Salz beigeben. Das Mehl mit dem Backpulver vermengen und nach und nach unter den Teig arbeiten.
Eine Springform von 24 cm Durchmesser ausbuttern, den Teig einfüllen und mit den Pinienkernen bestreuen. Im auf 150°C vorgeheizten Ofen 50 Min. backen.

Engadiner Nusstorte **(Graubünden)**

Teig:

300 g Mehl
1 Briefchen Backpulver
150 g Stärkemehl (z.B. Mondamin, Maizena)
1 Prise Salz
250 g Butter in Flöckchen, möglichst kalt
4 Eigelb, möglichst kalt
200 ml Sahne, möglichst kalt

Füllung:

150 g Zucker
300 g Walnüsse, zweimal durch die Mandelmühle gedreht
3 Tropfen Bittermandelöl
2 Msp. Nelkenpulver
2 Msp. Zimt
6 EL Bienenhonig
2 Eigelb, zerklopft

Teig: Mehl, Backpulver, Stärkemehl in eine Schüssel sieben, salzen, Butterflöckchen, Eigelb und Sahne beigeben. Alles mit Hilfe eines Teigschabers gut vermengen, mit kalten Händen zusammendrücken (nicht kneten!) und 1 Std. kalt stellen.
Den Teig in zwei gleich große Hälften teilen. Eine Hälfte so ausrollen, dass er den Boden einer Springform von 26 cm Durchmesser bedeckt und man den Rand hochziehen kann.
Diesen Boden mit einer Gabel mehrmals einstechen.
Die zweite Hälfte muss die Form eines genau dazu passenden Deckels (natürlich ohne Rand) haben.

Füllung: Den Zucker in einer Bratpfanne schmelzen, Nüsse, Bittermandelöl, Gewürze und Bienenhonig dazumengen. Diese Masse so heiß wie möglich auf den Teigboden geben. Mit der zweiten Teigplatte zudecken. Diese mit den Eigelb bepinseln, mit einer Gabel in regelmäßigen Abständen von 1 cm Löcher einstechen. Im auf 180°C vorgeheizten Ofen ½ Std. backen.

Fideriser Torte **(Graubünden)**

Teig:

375 g Mehl
250 g Butter, Zimmertemperatur
250 g Zucker
200 g Mandeln, gerieben
4 Eier
1 Prise Salz
1 TL Zimt
Schale einer abgeriebenen Zitrone

Belag:

1 Tasse Himbeerkonfitüre

Teig: Alle Zutaten miteinander vermengen, die Hälfte davon in eine bebutterte Springform (26 cm Durchmesser) drücken, am Rand hochziehen.

Füllung: Auf den Boden streichen. Die zweite Teighälfte als Deckel darüber legen. Die Torte im auf 150°C vorgeheizten Ofen ¾ Std. backen.

Fideriser Torte

Pitta **(Graubünden)**

1	*Hefewürfel*
100 ml	*Milch*
1 kg	*Weißmehl (Typ 405)*
100 g	*Mandeln geschält, grob gehackt*
250 g	*Butter, Zimmertemperatur*
350 ml	*Milch*
2 EL	*Rosenwasser (Apotheke)*
1 Prise	*Salz*
200 g	*Zucker*
	abgeriebene Schale von 2 Zitronen
ca. 100 g	*Weißmehl (Typ 405)*
2 EL	*Grieß*
2	*Eiweiß, zerklopft*
100 g	*Hagelzucker*

Den Hefewürfel in der Milch auflösen, 10 Min. stehen lassen. Das Mehl in eine Schüssel sieben, in der Mitte eine Vertiefung machen. Die aufgelöste Hefe hineingeben. Mit etwas Mehl zu einem dünnen Brei verrühren. 1/4 Std. stehen lassen.

Die Mandeln zum Mehl geben, mit dem Teigschaber oder Kochlöffel unterarbeiten.

Die Butter schmelzen, aber nicht warm werden lassen, mit der Milch mischen. Diese und Rosenwasser, Salz, Zucker, Zitronenschale nach und nach beigeben. Von Hand zu einem glatten Teig verarbeiten. Etwas Mehl auf eine trockene Arbeitsfläche geben. Den Teig von Hand gut durchkneten. Zu einer Kugel formen und in die Teigschüssel zurückgeben. Mit einem feuchten Tuch bedeckt an einem warmen Ort 2 Std. gehen lassen. Zwei Springformen von mindestens je 20 cm Durchmesser mit Öl bepinseln, mit dem Grieß bestäuben, so, dass die gesamte Innenfläche damit bedeckt ist.

Den Teig nochmals durchkneten, in zwei gleich große Teile teilen. Nochmals je eine Kugel formen und diese in die Springform legen. Flach drücken. Mit einem feuchten Tuch bedeckt nochmals 1/2 Std. gehen lassen.

Den Backofen auf 200°C vorheizen. Die beiden Pitte mit den Eiweiß bestreichen. Den Hagelzucker darüber streuen, etwas andrücken.

1 Std. backen, evtl. nach 3/4 Std. die Oberfläche mit Alufolie abdecken, damit sie nicht zu dunkel wird. Schmeckt frisch am besten. Trockene Pitta zerbröselt man und vermischt sie mit Vanillesauce.

Pitta

Lozärner Läbchueche **(Luzern)**

Luzerner Lebkuchen

Teig:

130 ml	*Sahne*
100 ml	*Milch*
50 ml	*Kirschwasser*
200 g	*Birnendicksaft*
1 EL	*Lebkuchengewürz*
1 EL	*Natron*
700 g	*Ruchmehl (Typ 1050)*
4 EL	*Birnendicksaft, zum Bepinseln*
200 ml	*Sahne, leicht geschlagen*

Sahne, Milch, Kirschwasser, Birnendicksaft und Lebkuchengewürz miteinander verrühren, das Natron mit dem Mehl vermischen, beides portionsweise über die anderen Zutaten sieben. Zu einem festen Teig kneten, drei längliche Laibchen formen, im auf 180°C vorgeheizten Ofen ca. 40 Min. backen.

Die noch warmen Laibchen mit dem Birnendicksaft bepinseln, zum Servieren in Stücke schneiden und mit der Sahne garnieren.

Lozärner Läbchueche (Luzerner Lebkuchen)

Blanc-manger **(Basel)**

Weißer Pudding mit Früchten

250 g	*Mandeln, geschält, fein gerieben*
125 g	*Zucker*
700 ml	*Sahne*
5 Tropfen	*Bittermandelöl*
18 g	*weiße Gelatine*
1 Tasse	*kaltes Wasser*
	einige frische Beeren oder Kirschen

Mandeln, Zucker und Sahne miteinander aufkochen, dabei ständig rühren. 1/2 Std. stehen lassen, abseihen, die Flüssigkeit wieder zum Kochen bringen, das Bittermandelöl beigeben. Den Kochtopf vom Feuer nehmen. Die Gelatine einige Min. im kalten Wasser einweichen, ausdrücken, in der heißen Flüssigkeit auflösen. In kalt ausgespülte Portionenförmchen abfüllen, auf eine Platte gestürzt anrichten. Mit den frischen Beeren oder Kirschen garnieren.

Blanc-manger (Weißer Pudding mit Früchten)

Puschlaver Birnenpizzocheri **(Graubünden)**

Spätzli mit Birnen

250 g	*Weißmehl*
4 EL	*Milch*
4 EL	*Sahne*
3	*Eier*
ca. 4 EL	*Wasser*
2 l	*Wasser*
	Salz
100 g	*Zucker*
2 EL	*Butter*
2 EL	*Wasser*
3	*große Birnen mit festem Fleisch, geschält, entkernt, in feine Scheiben geschnitten*
3 EL	*Butter*

Mehl, Milch, Sahne und Eier in einer Schüssel verrühren. So viel Wasser beigeben, dass ein zähflüssiger Teig entsteht, der nur noch schwer von der Kelle fällt. Wasser und Salz aufkochen. Das Wasser nur ziehen lassen. Den Teig auf ein nasses Holzbrett streichen und mit einem Messer dicke Spätzli ins Wasser schaben. Wenn die Pizzocheri an die Oberfläche steigen, herausnehmen, kalt abspülen und abtropfen lassen.
Den Zucker in einer Bratpfanne karamellisieren. Die Pfanne vom Feuer nehmen und die Butter untermischen. Wasser beifügen und auf kleinem Feuer den Zucker auflösen. Die Birnenscheiben darin 10 Min. schmoren lassen, dann unter die Pizzocheri mischen. Die Butter heiß werden lassen und das Gemisch darin knusprig anbraten.
Mit Milchkaffee zum Nachtessen servieren.

Himbeerschaum **(Graubünden)**

125 g	*Himbeeren, mit der Gabel zerdrückt. Saft durch ein Tuch gepresst*
250 g	*Zucker*
1 EL	*Zitronensaft*
4	*Eiweiß*
1 EL	*Butter*
2 EL	*Zucker*
3 EL	*Mandeln, geschält, gehackt*

Den Himbeersaft mit dem Zucker, dem Zitronensaft und den Eiweiß vermengen und so lange mit dem Schneebesen rühren, bis die Masse sich auftürmen lässt. In eine Dessertschüssel anrichten.
Die Butter zergehen lassen, den Zucker beigeben, auf kleinem Feuer schmelzen, dann die Mandeln beigeben, rösten. Über den Schaum geben.

Himbeerschaum

»Brännti Crème« (Schwyz)

Karamellcrème

180 g	*Zucker*
200 ml	*Sahne*
200 ml	*Doppelrahm*
2	*Eigelb*
50 g	*Zucker*
150 g	*Sahne*
2	*Vanillestangen*
30 g	*Puderzucker*

Den Zucker hellbraun karamellisieren. Die Hälfte der Sahne und des Doppelrahms beigeben. 5 Min. köcheln.
In einer Schüssel die Eigelb mit dem Zucker schaumig rühren, den Rest der Sahne und des Doppelrahms beigeben. Die heiße Crème unter Rühren an die Eimasse und wieder zurück in die Pfanne gießen. Nochmals kurz bis vors Kochen bringen. Über Nacht kalt stellen.
Die zweite Sahneportion mit den ausgekratzten Kernen der Vanillestangen und dem nach und nach zugegebenen Puderzucker steif schlagen.
Die Crème in Portionenschalen anrichten und den Vanille-Schlagrahm darüber geben.

Brennti Crème (Karamellcrème)

Cavollatte **(Tessin)**

Vanillecrème

Cavollatte (Vanillecrème)

- *3/4 l* *Milch*
- *1* *Vanillestange, der Länge nach aufgeschnitten*
- *4* *Eigelb*
- *100 g* *Zucker*
- *100 g* *Amaretti (Ersatz Löffelbisquits)*

Die Milch mit der Vanillestange aufkochen. Die Eigelb im Wasserbad mit dem Zucker verrühren, bis die Masse cremig wird. Die Vanillestange aus der Milch entfernen, auskratzen, die Kerne in die Milch geben. Die Milch nach und nach zur Eier-Zucker-Mischung geben. Jeweils gut rühren. Köcheln, bis die Crème am Löffelrücken kleben bleibt. Amaretti oder Löffelbisquits dazu servieren.

Aprikosenpudding **(Wallis)**

750 g	*Aprikosen, halbiert, entsteint*
4	*Eier*
4 EL	*Zucker*
1	*Briefchen Vanillezucker*
150 ml	*Sahne*
1 Prise	*Salz*
2 EL	*Puderzucker*

Die Aprikosenhälften mit der Rundung nach oben in eine bebutterte Auflaufform schichten. Eier, Zucker, Vanillezucker, Sahne und Salz miteinander verquirlen, darüber gießen. Im Wasserbad im auf 180°C vorgeheizten Ofen 40 Min. pochieren. Vor dem Servieren mit dem Puderzucker bestreuen.

Aprikosenpudding

Öpfelbachis (Gebratene Apfelspeise)

Öpfelbachis **(Zürich)**

Gebratene Apfelspeise

3 EL	*Butter*
800 g	*Äpfel, geschält, Kerngehäuse entfernt, in feine Scheiben geschnitten*
3 EL	*Zucker*
3/4 l	*Milch*
4 EL	*Mehl*
4 EL	*Zucker*
1 EL	*Zitronensaft*
2 EL	*trockener Weißwein*
3	*Eier*
1 EL	*Zucker*
1/2 TL	*Zimt*

Die Butter zergehen lassen, die Apfelscheiben darin dämpfen, nachdem man den Zucker darüber gestreut hat. Milch, Mehl, Zucker, Zitronensaft, Weißwein und Eier miteinander verquirlen, über die Äpfel geben, alles stocken lassen. Einmal wenden. Nochmals braten, auf eine Platte gleiten lassen, mit Zimtzucker bestreut servieren.

Vermicelles **(Tessin)**

Kastaniendessert

800 g	*Kastanien, geschält*
1/2 l	*Milch*
2–3 EL	*Zucker*
4 EL	*Kirschwasser*
200 ml	*Sahne*
1 Prise	*Salz*
1–2 EL	*Zucker*
1 EL	*Vanillezucker*
10	*Meringue-Schalen*
	einige Maraschino-Kirschen

Die Kastanien in der Milch weich kochen (ca. 40 Min.). Vorsicht; kann anbrennen! Evtl. noch etwas Milch beigeben. Das entstehende Mus muss jedoch sehr kompakt sein. Zucker und Kirschwasser beigeben. Die Sahne mit dem Salz, dem Zucker und dem Vanillezucker möglichst steif schlagen.
Eine Dessert-Schale mit 4 (eventuell zerbröselten) Meringue-Schalen belegen. Das Kastanienmus durch die Flotte Lotte direkt auf die Meringue-Schalen geben. Am Rand die übrigen Meringue-Schalen einstecken. Die Sahne darüber dressieren. Mit den Kirschen verzieren. Kalt servieren.

Vermicelles (Kastaniendessert)

Zabaione **(Tessin)**

Das Dessertrezept bei Überraschungsbesuch. Im Nu gemacht – und alle haben das gern.

Pro Person:

1	*Eigelb*
1 EL	*trockener Weißwein (z. B. Frascati) *)*
1 EL	*Marsala *)*
1 TL	*Zucker*
1	*Löffelbiskuit*
	Evtl. 1 Erdbeere oder einige andere Beeren oder Fruchtschnitze

*) Die beiden alkoholhaltigen Flüssigkeiten können ersetzt werden durch Apfel-, Orangen- oder einen anderen Fruchtsaft.

Die entsprechenden Dessert-Portionenschalen oder z. B. Sektgläser bereitstellen.
Die Zutaten ohne das Löffelbiskuit und evtl. Früchte in ein Wasserbad geben. Dieses langsam erhitzen, dabei die Masse ständig mit einem Schneebesen tüchtig schlagen. Sobald sie fest wird, in die Portionenschalen anrichten. Das Löffelbiskuit und evtl. eine Fruchtdekoration dazulegen. Sofort servieren.

Zabaione

Liquore di limoncina **(Tessin)**

Zitronenmelisselikör

3 Hand voll Zitronenmelisse-Blätter
800 ml Alkohol 70 %
1 l Wasser
600 g Zucker

Die Blätter in eine weithalsige, gut verschließbare Flasche geben, den Alkohol dazugießen. 2–3 Tage lang an einem warmen Ort stehen lassen. Wasser und Zucker so lange kochen, bis sich der Zucker ganz aufgelöst hat. Abkühlen lassen. Die Alkohol-Lösung durch ein Tuch in den Zuckersirup passieren. Den Likör sofort in gut verschließbare Flaschen abfüllen.

Röteli **(Graubünden)**

Bündner Neujahrslikör

500 g gedörrte schwarze Kirschen
1 Vanillestange, der Länge nach aufgeschlitzt
1–2 Zimtstangen
Schale einer Zitrone, in Streifen geschnitten
2 l Alkohol (wenn möglich 50°)
100 ml Wasser
300 g Zucker

Kirschen und Gewürze in eine weithalsige, verschließbare Flasche füllen, den Alkohol dazugießen. Die Flasche gut verschlossen drei Wochen lang an einem warmen Ort stehen lassen, täglich schütteln. Dann den Inhalt durch ein Tuch abseihen. Wasser und Zucker miteinander aufkochen, köcheln, bis sich der Zucker aufgelöst hat, auskühlen lassen, mit dem Kirschlikör vermischen. In kleine Flaschen abfüllen. Mindestens vier Wochen lang lagern.

Röteli (Bündner Neujahrslikör) und Liquore di limoncina (Zitronenmelisselikör)

RÖTELI
MELISSEN
LIKÖR
MELISSEN
LIKÖR

Alle Rezepte von A-Z

Register nach Zutaten

Was die Großmutter noch wusste

Mit Kathrin Rüegg und Werner O. Feißt

Was die Großmutter noch wußte
160 Seiten, 84 Bilder, davon 78 in Farbe, 12 Zeichnungen
Bestell-Nr. 40838

Vom Apfel bis zur Zwiebel
168 Seiten, 118 Farbbilder
Bestell-Nr. 40912

Essen wie damals
160 Seiten, 89 Farbbilder
Bestell-Nr. 40947

Jeder Band aus der beliebten Reihe »Was die Großmutter noch wußte« kostet 22,– EURO

Gemüse nach Großmutterart
160 Seiten, 59 Farbbilder
Bestell-Nr. 41104

Großmutters Küche zwischen Elsaß und Engadin
144 Seiten, 71 Farbbilder
Bestell-Nr. 41190

Großmutters Mittelmeer-Küche
168 Seiten, 69 Farbbilder
Bestell-Nr. 41218

Großmutters Kräuterküche
168 Seiten, 72 Farbbilder, 15 Zeichn.
Bestell-Nr. 41248

Gewürze
168 Seiten, 63 Farbbilder
Bestell-Nr. 41283

Gute Küche ohne Fleisch
168 Seiten, 80 Farbbilder
Bestell-Nr. 41320

Zu Gast bei Kathrin und Werner
144 Seiten, 57 Farbbilder
Bestell-Nr. 41349

Einfache Küche von Kathrin und Werner
Verborgene Schätze, die einmal ganz gewöhnlich waren – es vielleicht noch heute sind – und die für uns Verwöhnte neu und erstaunlich erscheinen, gleichwohl gut schmecken und dazu noch den Geldbeutel schonen.
160 Seiten, 89 Farbbilder
Bestell-Nr. 41402

Ihr Verlag für Bücher
von Kathrin-Rüegg und Werner O. Feißt

Gewerbestraße 10 · CH-6330 Cham · Postfach 4161 · CH-6304 Zug
Telefon ++41(0)41 740 30 40 · Telefax ++41(0)41 741 71 15

Müller Rüschlikon

Stand August 2002 – Änderungen in Preis und Lieferfähigkeit vorbehalten –